異端者がビジネスを変える

異端会議

まえがき

異端者とは誰か

異端者は、物事の事象を、新たな視点で捉えます
異端者は、物事の仕組みを、新たな切り口から考えます
異端者は、物事の課題に対して、新たな手法で臨みます

世の中には、今までの習慣や常識に囚われることなく、時として〝異端〞とも言える手法で新たな価値を生み出している挑戦者たちが存在します。私たちが考える〝異端〞とは、決して特別なキャリアを歩んでいる人、という意味ではありません。本気で「明日をもっとよくしたい」と考え、それを実現するための方法を考え抜き、これまでとは全く異なる独自のアプローチで挑戦している人たちのことを指すのです。

それは起業家や経営者かもしれないし、企業の中に身を置いて挑んでいるサラリーマンかもしれません。科学者や研究者という異端者ももちろんいますし、アスリートやアーティスト、タレントという立場で挑戦し続ける異端者もいます。中には学生の異端者もいるでしょう。異端者に職業や肩書きは一切関係ありません。共通しているのは志と、そのために実行し、実現する行動力なのです。

異端の道には、誰も経験したことがない壁や未知のやり方への不安や周囲からのネガティブな反応や圧力な

ど、想像を絶する困難が待ち受けています。しかし、屈することなく困難を乗り越え、新たな価値を生み出している異端者たちへのインタビューを通じて、それぞれ発想がどこからやって来るのか、そしてアイデアを実現するための秘策はどこにあるのかといった事を明らかにしていく、それがこの「異端会議」のコンセプトです。

〝異端者〟であるトップ同士の対談、ビジネスの本質を語る有識者、次代を担う新たな挑戦を実行するリーダー、ｅｔｃ——。本書に登場する〝異端者〟によるコンテンツは、多種多様です。

各コンテンツの大きなテーマとしては、「テクノロジー×ビジネス」を据えています。しかし、単なるファクトに基づくテクノロジーの紹介コンテンツになってしまわないように、インタビュアーをエスキュービズム社の経営者である、薮崎敬祐が務めています。そうすることで、その裏にある「想い」や「意志」、そしてそれに伴う経営判断などを浮き彫りにし、各異端者から、表層的で耳障りのいい話だけではなく、より「深層と真相」に迫るお話を引き出せたのではないかと考えています。

この「異端会議」を手に取った多くの方が、それぞれの世界で様々な困難に直面する、もしくはすでに直面していると思います。本書が、そんな場面において役に立つ価値判断軸を作り、困難を乗り越え挑戦し続けるためのモチベーションを得るヒントとなってくれれば幸いです。

「異端者会議」編集チーム

目次

※登場者の肩書は初出時のものです。

1　獺祭、ソニーから見る「つくる力」への考察　7
桜井博志（旭酒造株式会社　代表取締役会長）
順調に失敗中。失敗を見込んで進める
×
辻野晃一郎（アレックス株式会社　CEO）
「出る杭たれ」をキーワードに独立起業

2　「インテル入ってる?」はこうしてできた　25
西岡郁夫（株式会社イノベーション研究所　代表取締役）
経営の知見と哲学をひとづくりの活動へ

3　世界初！　流れ星をエンタメにする、人工流れ星計画　35
岡島礼奈（株式会社 ALE　代表取締役社長／CEO）
宇宙ビジネスはマーケティングの成否にかかっている

4　教育に革新を。IT教育を推進するライフイズテック　45
水野雄介（ライフイズテック株式会社　社長）
時代は新しい教育のカタチを求めている

5
星野リゾート・近大から学ぶ固定概念をぶっ壊す経営――61
塩﨑 均（近畿大学学長）
答えのない問題に答えを出すために
×
星野佳路（星野リゾート代表）
一度外に出ることで見えること

6
〝伝える〟技術 ―妻とか一番伝わらない（笑）―――77
為末 大（Deportare Partners 代表）
「伝える」から「伝わる」へのシフト

7
飛べなかったHAKUTO。月への挑戦はどうなるのか――93
袴田武史（株式会社ispace 代表取締役&ファウンダー）
七転び八起きの宇宙事業

8
超小型人工衛星で実現！ 宇宙から見た地球とは――107
中村友哉（株式会社アクセルスペース 代表取締役）
偶然がつなぐ、挑戦の軌跡

9
テクノロジー加速時代の企業戦略のすすめ――125
楠木 建（一橋大学教授）
テクノロジーとは「人間技能の外在化」

1

獺祭、ソニーから見る「つくる力」への考察

日本を代表する銘酒「獺祭」（旭酒造）を生み出し、昨年社長を退き会長となった桜井氏と、ソニーのカンパニープレジデントやグーグル日本法人社長など名立たるグローバル企業のトップを歴任した後、自ら独立起業した辻野氏に、経営の極意についてそれぞれの経験を踏まえて語ってもらった。

「出る杭たれ」をキーワードに独立起業

辻野晃一郎

アレックス株式会社CEO

×

順調に失敗中。失敗を見込んで進める

桜井博志

旭酒造株式会社代表取締役会長

桜井　今日は弊社の『獺祭』を辻野さんへのお土産にしようと持ってきました。今日のお話にちょうどいいと思いまして。

辻野　ありがとうございます。廃業寸前だった蔵元を、たった一代でここまで復活させ、日本を代表する日本酒にするまでには、さまざまなご苦労があったのではないでしょうか。

桜井　そうですね。『獺祭　二割三分』を生み出すために、技術的な面だけでなく、〝常識〟や〝周囲の環境〟にハードルがありました。

辻野　当初は周囲からの反対などもあったのでしょうか。

桜井　「アホか」とか、「磨いても何の意味もないぞ」など散々言われましたね。当時の日本酒業界では、精米歩合で50％以下まで磨いても、価値はないというのが常識だったのです。でも「本当にそうだろうか」と23％まで磨いてみたら、味が全然違いました。すべての米において、芯が中心にあるわけではないため、磨けば磨くほど余計なものをそぎ落とすことができたのです。最近は「獺祭よりも米をたくさん磨いています」というような酒蔵が出てきたので、業界の常識が変わってきたなと感じています。

辻野　私がソニー時代から大切にしている「出る杭たれ」というキーワードがあるのですが、新たなものを「つくる」ためには、周りの意見や場の空気ではなく、自分の信じる道を貫いて必ず結果を出す馬力が必要だと思います。桜井さんは、日本中の日本酒メーカーだけでなく、伝統工芸品を作っているような人たちのまさにロールモデルだと思いますよ。

桜井　「つくる」というのは、最初からは上手くいかないものなのです。上手くいかないから、やってみて失敗しながら直していくしかないと思います。実は今、ジョエル・ロブション氏と組んでパリにお店を出そうとしているんですけど、それは2017年春と言っていたのが順調に遅れて夏、下手したら秋になるんじゃないか、となっています。もっと言うなら、そのジョエル・ロブション氏とのパリ出店の話が出てきたのも、失敗から生まれたものなのです。別途でパリにお店を出す計画をして、実際に私がパリで物件まで探して出店する準備をしていたんですが、結局だめになり撤退してしまったのです。でもそれがなければロブションと組むという今の話というのは出てこなかった。まずはどんどん踏み出していって、上手く行かないから失敗して、修正して、というのを繰り返さないと新しいものはできないのだろうと思います。

辻野 失敗ということに対する捉え方ですよね。次につなげて、上手くいくところまで粘り強く頑張れば、失敗に見えたことも失敗ではなくなります。良きストーリーになって、成功したあとの美談に変わるわけですよね。特に経営視点だと、会社を存続し続けられている限りは、ある意味失敗じゃないんだと思います。

桜井 その通りだと思います。あと今、ライスミルクという米ぬかで飲料を作っているんですが、それも当初の計画みたいには全然上手くいっていないです。順調に失敗中ですね（笑）

驕らず媚びず、バランスが難しい

辻野 もちろんデータ分析は大事なのですが、昔のソニーは一切マーケット調査をしませんでした。誤解を恐れずに言えば、顧客に媚びない、姿勢ですね。自分が作りたいものを作る、だからこそ顧客が想定すらしない新しい商品を作って、今までなかった全く新しいマーケットを創ることができたのです。最初から顧客調査とか市場調査をしてしまうと、顧客が想定した商品しか出てこなくなって、驚きとかサプライズは生まれない。調査は必要ないわけではないですが、そのバランスはすごく大事だと思います。短期的な数字、つまり目先の売上のために顧客に媚びてしまうと、私はその商品は将来的にだめになると思います。だから驕ってはいけないけど、媚びてもいけない。難しいところですよね。

桜井 日本酒業界には、安いお酒を作っている酒蔵も結構あるのですが、すごくわかりやすいのが、そういうところの社長って自社のお酒を飲まない方が多いのです。何が好きかと聞くと「ワインが好き」と。おいおい、と（笑）

辻野　お客さんからしたら、たまらないですね。

桜井　たまらないけど、これが現実なんです。だから自分が好きで好きで「やっぱりこのお酒おいしいよなあ」と思うお酒を作らないと、ブランドはできてこないと思っています。商売はできるでしょうけれど。かなり前の話ですが、酒造メーカーの夏の集まりがあって参加したのですが、一次会はビアホールで、二次会はスナックでカクテルなど飲みながらやってるわけです。「日本酒売れないですよね」って。そりゃ、日本酒売れないですよね（笑）。

辻野　やはりアウトサイダーのすすめというか、変革は辺境からと言いますけれど、本流にいるとなかなか新しいことができないのでしょうか。アウトサイダーになることを恐れないという、そういうことが大事なのだと思います。

桜井　弊社が『獺祭』を生み出せたのは、業界内で競争しなかったから、というのも理由としてあると思います。さらに、仲良しクラブみたいなところにも入らなかったし、足の引っ張り合いにも参加しなかった。弊社はすごく山の中にあるので、地域の経済人たちの集まりに入れてもらえなかった。それが逆に良かったのかもしれません。

辻野　いろいろ介入されたり、こちらも配慮したり気を使ったりしますからね。

桜井　独自の作り方だったがゆえに、あまり相手にされませんでした。気がついた時には今の地位にいました。

デバイスにこだわる日本、プラットフォームで考えるアメリカ

辻野　ソニーやグーグルにいて感じたこととして、グーグルやアマゾンの様なプラットフォーマーに対して、日本勢はプレイヤーだということです。今や、ハードもインターネットやプラットフォームと組み合わせになっていないと意味がない時代ですが、日本勢は相変わらずデバイス中心志向で、プラットフォームに弱いのが現状で

す。

桜井　私たち酒蔵もそれに近いところがあります。日本人は、デバイスを一生懸命高めることに必死になりすぎると感じます。

辻野　私のソニーでの最後の仕事として、ウォークマンがiPodにやられた時に、ソニーとして巻き返しを図ろうとしました。しかし、もともとウォークマンをやっていた人たちからは、「バッテリーの寿命を長く」「音質を良く」「ウォータープルーフにする」といったデバイス単体の競争力を高めるような意見が主流で、「デバイスのスペックで勝てば勝てるんだ」という固定観念には根強いものがありました。しかし事の本質は、「iPodやiTunesがパーソナルオーディオの概念を根底から変えてしまった」ということをまず理解する必要があったわけです。

桜井　他の酒蔵が、獺祭の『二割三分』に対抗して『二割二分』を作ったことと同じですね。大局的な考えもなく、そこを突き詰めていくというのは違うと思っています。

辻野　デバイスの性能や品質をどこまでも追及していくことはすごく得意なんですよね。『獺祭』だけでなく、日本食や伝統工芸品など生活文化産業においても、その全体を包含する日本文化とか日本の生活産業みたいなプラットフォームがあって、そこと関連付けることによって価値がさらに上がる、そういうことだと思います。でもなかなか作り手側にはそういう意識がないんですね。私も伝統工芸品を作る作家の方々とさまざまお付き合いしていますけど、同じ業界の中でも足を引っ張り合うみたいなところがありますね。

桜井　酒造メーカーもそうですね。

辻野　本当は、皆がもうちょっと視野を広げられたらいいのですが。今まで一つ一つの点で頑張っていたけれども、一つのプラットフォームに集まって、日本の生活文化産業を一緒に発信していくというような視点があると、世の中の一つ一つの点が面となってさらにバリューアップすることになっていくと思っています。ただ、なかなか簡単じゃないですね。

タイムマシン的アプローチとカイゼン的アプローチ

桜井　デバイスにこだわるというのも、「改善」が得意だというところに起因していますよね。改善が日本の特長になる場合とだめになっていく場合とがあると思います。

辻野　そう、たゆまぬ改善の努力はすごく大事なことです。しかし、そもそも日本とアメリカではアプローチに違いを感じます。日本的カイゼンは、作り上げた土台を日々良くしていくという、過去・現在の延長線上に未来を作っていく延長線的イノベーションです。一方、未来の課題を見据え、それを解決するために今から準備を始めるというアプローチで、不連続な破壊的イノベーションを起こすというのがアメリカ流ですね。グーグルもそうでした。

桜井　アメリカ流は、タイムマシンに乗って現代に来た未来人のつもりで考えるということですね。

辻野　イーロン・マスクは、２０５０年を考え、その時代には地球の人口が１００億近くまで膨れ上がるという予測を知り、それだけの人が地球に住むのは無理だろうと結論付けて、火星などに人を移住させなければならないと発想し、宇宙開発を民間でやり始めた。ただ、その前に地球環境が悪化して人が住みにくくなることを想定して、ガソリン車を淘汰するために、電気自動車のテスラモーターズを作ったんです。

桜井　全く逆の方向からのアプローチですね。日本人は延長線的イノベーションがすごく得意ですよね。

辻野　延長線的イノベーションやカイゼンは大事だけど、破壊的イノベーションとの組合せが大切ですね。スティーブ・ジョブスがｉＰｏｄやｉＰｈｏｎｅでやったことは創造的破壊だけど、その後のアップルは延長線的イノベーションに留まっています。それと、当然、アメリカ流が無条件に優れているわけではないので、日本人ももっと自分たちに自信をもって自らの強みを知り、変なことをしてその強みを棄損しないようにする必要がありますね。

海外進出で大事なのは、本気でやるかやらないか

辻野 日本には、伝統的に素晴らしいものをつくるのに長けた方がたくさんいますよね。でもそれをしっかりと海外にも展開できているのは、桜井さん含め一握りだと感じます。たとえば、ロンドンに有名な日本食のレストランが二、三軒ありますが、シェフは日本人なのにオーナーはどこも外国人。今、ALEXCIOUSというオンラインサイトで、日本の優れたものを海外に紹介・販売しているのですが、江戸時代から明治にかけて作られた美術工芸品など、いいものはほとんど安く買い叩かれて海外に流出していることを知りました。せっかく価値あるものを多く生み出してきたのだから、外国人に買い叩かれるのではなく、自分たち自身で世界に向けてビジネスとしてプロデュースしていくことをもっと積極的にやっていかないと、日本が生み出すものが海外の人たちの儲けの材料に使われるだけで、生活文化産業などはなかなか輸出産業として育っていかないのではないかという危機感があります。

桜井 われわれ酒蔵って、海外に本気で出ていかなかったんですよね。日本の酒蔵って、まずは海外のマーケットをリサーチして、それからどうするか考え悩んでから進出しようとするところが多いです。私は、とにかく出てしまえ、と行動したのです。「獺祭がなんであんなに海外で売れたんだ」と聞かれると、「それはうちが売る意志があったからです。」と言っています。悩んでいるよりも、まずはやってみて、失敗しながら進んでいくという、強い意志がないからほとんどの酒蔵は売れないのだと思います。

辻野 これから先、成熟国家となった日本の世界における役割はなんだろうと考えた時に、日本の生活文化産業をもっと世界に出していかなきゃいけないと考えています。

桜井 海外進出は一つのチャンスになると思います。海外に出ていくって大変です。語学ができればお酒が売れるわけではないのです。海外の文化・社会が分かって、かつビジネスができることが必要でしょう。おそらく失敗の連続になると思いますが、そこがすごくいいところで、ためになるところだと思っています。

辻野　これからトライアンドエラーしていくということですね。逆境は、冷静に考えれば大変な状況だけれども、それを敢えてチャンスに繋げていく。こういうことが世の中を変えていく原動力になるのだと思います。

遊ぶ社員と、失敗を闇に葬るマネジメントがイノベーションを導く

辻野　かつてのソニーは、自分のやりたいことをやり、作りたいものを作る集団で、ある意味ノリがいい、とがった人たちが多くいました。そして、エンジニアがやることに上手に事業として目鼻をつける懐の深いマネジメントがたくさんいて、失敗しても上手に闇に葬ってくれていました。こうした環境がソニーの成長の原動力だった気がします。

桜井　なるほど。私は逆に失敗を公言しています。ジョエル・ロブション氏とのフランス出店が遅れている、ライスミルクという米ぬかで作った飲料作りも計画通りには進んでいない、銀座の直営店の売上も思ったほどは良くない、失敗中ばかりです。

辻野　マネジメントが、部下のチャレンジに対しておおらかだったので、すごく現場はのびのびとやりたいことをやっていました。そうした環境があったからこそ、「人がやらないことをやる」「絶対に二番煎じはしない」という、ソニーらしいエンジニアの気概というか矜持が育ったように思います。

桜井　社員が自分の失敗を認められる組織にしないといけない。そういう組織をどうやって作っていったらいいか、私にも未知数なのでまだ見えてないですけれど。

辻野　「トライアンドエラーの繰り返しを当たり前の感覚にする」というのが本当に大事なことですよね。日本の大企業がどんどんダメになっていく一つの理由として、現場の失敗を許容しないということが大きいと思います。会社が大きくなっていくと、なかなか失敗できなくなってくる。まさにイノベーションのジレンマですね。

桜井　私は旭酒造を、失敗したことを認められる会社として維持していけたらと思っています。自分で失敗を認

められたら、自分でまた変えていけると思います。

辻野　どのような工夫をされていますか？

桜井　チャレンジする人たちをトップとしての特権で守ってあげて、いろんなことをやらせてあげています。まあ、旭酒造の社員たちは、守ってもらっているとは全然思ってないと思いますが。社内では、私は天災と呼ばれていまして、「なんでこんな否定されるんだろう」と社員は思っているんじゃないですかね（笑）。

“らしい”組織を維持するためには

辻野　企業体が大きくなってくると、トライアンドエラーを許容するカルチャーをいかに残し続けるか、それこそが経営努力だと思います。経営者の器量にもかかってきますね。オーナー企業は、やはりそういうチャレンジし続ける体質を残しやすいのかもしれません。

桜井　経営者がある程度自分で決定できますからね。そういえば、もともとソニー創業者の盛田昭夫さんの実家は酒蔵でしたよね。

辻野　そうですね。ソニーは、創業者が二人とも亡くなった後に、集団指導体制に切り替えていく過程で、社外取締役制とか執行役員制度などの欧米型のガバナンスをどんどん率先して取り入れたのです。

桜井　文化や体制を残すのは、非常に難しいですね。

辻野　経営指標にも当時米国で流行っていたEVAなどを導入して短期的な成果を求める傾向が強くなりました。裏でやってるようなこともすべて表に出して、採算性を吟味するということをやり始め、一気にイノベーションを生み出す活力がなくなってしまったような気がします。イノベーションには、「遊び」の要素が重要だと強く思います。10個やって10個ともヒットするなんてありえないですからね。

桜井　でも10個やって10個当たることを要求されるから、そうなるとバッターボックス自体に立ちませんよね。

もし立つことになっても、振らないということが正解になってしまいます。

辻野 そうですね。だからこそ、そうなってはいけないという意識で、多くの企業が機構改革などをやるのでしょうね。しかし、いったん失敗を嫌う人が多く中枢に残る流れになると、一回でも失敗すると窓際にされたり、子会社に出されたり、失敗に対する許容度が失われて、結局チャレンジしない集団になってしまいます。チャレンジしない人たちがマジョリティになった集団からは、イチかバチかやってみようという人はなかなか出てこないでしょう。仮に現場が新しいチャレンジを進めようとしても、事業計画審議会などで「本当にうまく行くのか?」とか「儲かるのか?」という懐疑的な質問や否定的な意見に多く晒されます。そうすると現場も怖気づいて、チャレンジできなくなっていく、という負のスパイラルになりがちです。

桜井 旭酒造では、「バッターボックスに立ったらなんでもかんでも振れ」と言っています。尻餅ついてもいいじゃないかと。ただ私がそう言って、私自身も失敗中であることを公言しても、なかなか会社はそうならないのですよね(笑)

辻野 かつて旭酒造さんが潰れそうなときに働き続けてくれた人と、今の輝けるブランドを持つ旭酒造に惹かれて入って来る人では、いろいろと異なっているのではないでしょうか。

桜井 そうですね。やはりさまざまな人が入ってきます。

辻野 ソニーでもグーグルでも感じましたが、有名になるにつれて、そこの製品やサービスが好きで入ってくるのではなく、単にブランドや待遇に憧れて入ってくる人たちがどうしても増えてしまいます。「仕事は別にどの会社でもいいけど、ブランドや待遇がいいから入る」、「そこで働くことが、自分のステータス」といった人たちが増えていくのはやむをえないところもあるので、経営者としては、創業時の活力が薄まらないように工夫する必要があります。

桜井 たいていの場合、「優秀」な人がおかしくしてしまいますね(笑)

辻野 ソニーも一時期、カンパニー制などいろいろな仕組みを取り入れて、次世代を育てるための施策を積極推進していた時期がありました。しかし、育成というのは、トップが覚悟してしっかり腰を据えて行わないと上手くいきません。当時のソニーにはすでに創業者がおらず、サラリーマン世代になってしまっていたため、腰が入っていないというか、いろんな意味で中途半端で、うまく後継者を育てることができませんでした。

桜井 あと、事業を続けていると、その領域について技術も知識も進化していきますよね。そうしたら、逆に新しいモノが生み出せなくなるのです。だからこそ「できる組織」に変えるために、無理矢理にでもチャレンジさせて、失敗の中で学んでもらう必要があると考えています。

経営者の仕事は、社員が夢中になれる仕事を創ること

辻野 働き方改革が盛んに叫ばれていますが、長時間労働の上限規制とか、同一労働同一賃金など、施策として必要な取り組みは理解しますが、本質は別のところにあるように思います。

桜井 単にルールだけ作っても意味がないですよね。

辻野 そうですね。ある程度のルールは必要ですが、その前に「日本人が強みを発揮できるための日本人の働き方」を考え直さねばならないように思います。

桜井 「こだわる」と「分け合う」という日本的な感覚をうまく生産性につなげる工夫が必要ではないでしょうか。一人で1できる仕事を、二人で1.2に仕上げることがなんでもかんでも「善」となりがちです。また、一生懸命頑張って残業もして、ここまでできたからいいだろうと思ってしまう人もいます。「それって頑張る所が違うだろう」と言っても、「こんなに努力しているのに、会長はどうしてわかってくれないんだ」となってすれ違いが起こってしまうのです。経営者として、いい面は伸ばしつつ、悪い面は外したいと思っています。

辻野 「三方よし」、「三方一両損」など、利他や互助といった日本人独特のスタイルがあるので、単に西洋的なスタイルをコピーすればいいというものではないと思います。「こだわる」という面では、「遊び」が大事だと思

います。グーグルには20％ルールがありましたし、ソニーにも明文化されたものはありませんでしたが、本業以外に好きなことをやっている人たちは社内にたくさんいました。就業時間後に作業台で自分が本当に作りたいものを遅くまで残って作って、上司も見て見ぬふりするという、遊びの要素があったのです。

桜井　いかにそういう部分を組織のＤＮＡとして残していくかが大事ですよね。

辻野　楽しいことは、寝食を忘れて没頭してしまうものです。寝食を忘れてやるような仕事を創ることが、企業や経営者の仕事だと思います。それが企業の発展につながるのではないでしょうか。一方、働き方は生き方なので、社員も組織に依存して受け身で仕事をするのでなく、もっと覚醒しなければいけない。昔のソニーも今のグーグルも、一方的な業務命令で動く会社ではなかったのです。

資金が底をつかない限り、失敗ではない

辻野　経営という視点では、資金が底をついてしまったら会社はつぶれてしまいますけれど、会社を存続し続けられている限りは、失敗とは言えないと思います。

桜井　実際にどうにもこうにもならない時期を過ごした体験から言うと、おっしゃる通りで、企業は金繰りだと思います。金操りさえなんとか続いたら、あとは周りに何と言われようと、なんとかなるんです。何より大事なのは金繰りなんです。

辻野　私は、銀行から借金だけはしないようにしています（笑）。借り入れは一切しません。とにかくどんなに厳しくても、銀行から借りる手段以外の手法で資金繰りを算段してきました。ただ、株主などに納得していただくためのビジネスプランは、現実にその通りにいくかというと、初日からそうはいかないです。

桜井　そうですね、確かに（笑）

辻野　変な表現ですが、うまくいかない時に、恍惚状態になれるのが経営者の特徴ではないでしょうか。普通は

計画通りにいかないことが続くと弱気になって心が折れたりしますが、思い通りにいかないほどアドレナリンが出てきて燃えるのが起業家の資質だと思います。

桜井 何か困った問題が起こったら、「ああ、やった、やった、やった」みたいな「ここは経営者としての腕の見せ所だろう！」ということは感じることはありますね。銀座に直営店をオープンしているのですが、これも思ったほどは売上がいってないので、順調に失敗中です。ただ、会社の経営者として金融的な失敗にならないようなバックボーンだけは作っています。だからこそ、現場の担当者ももっと失敗であることを認めていいと思います。自分で「失敗してるんだ、今」とか言ってね（笑）

辻野 チャレンジする人や起業家は、絶体絶命や逆境の真っ只中にいる、という状況にたびたび遭遇します。しかしそういう人たちは、絶体絶命だとは思わず、チャンスだと思うのですよね。そして実際に結果的にチャンスに変えていく、そういう力がある人が世の中を変えていくのだと思います。

桜井 そうですね。米の売上が落ちていて米自体は余って困っているのに、山田錦は足りないという状況が数年続いています。「山田錦が足りない」とあちこちで言っていたら、さまざまな所からプレッシャーを受けました。日本酒業界の人達からは「獺祭が山田錦を買い過ぎるからだ。われわれはいじめられている」と非難されました。私も最初は気づかなかったのですが、逆にそれが大きな宣伝、広報活動になっていたのです。私が「山田錦が足りない」とあちこちで言って歩くだけで、「獺祭買ってよ」と言うより数倍意味があったのです。

辻野 ピンチに遭遇しても、しめしめと思って乗り越えて、それを積み上げていくことが参入障壁というか、自社のコアコンピタンスになっていくのですよね。

経営には、破天荒な創業者と堅実な番頭が理想⁉

辻野 ただ、一人で事業を立ち上げることはしんどいと感じました。私は実質的には一人で今の会社を立ち上げたので、最初の頃は、誰も相談相手がいないし愚痴る相手もいなくて結構しんどかったです。今では苦楽を共にした優秀で信頼できるパートナーに恵まれていますが。

桜井　前に進みすぎていたら逆に引き戻してくれたり、時には防御に回ってくれたりと、そういう存在がいると助かりますよね。

辻野　得てして、創業者には、アイデアが豊富でイケイケどんどんなタイプが多いと思います。しかし「入るを量りて出ずるを制す」の「出ずるを制す」というところに弱かったりするので、そこをちゃんとフォローしてくれる番頭さんのような人がついていると、すごくいい組み合わせになるのでしょうね。

桜井　弊社みたいな100億円クラスの企業だったら、糟糠の妻というパターンはあります。なにかの宣伝で、奥さんは絆創膏貼って一生懸命仕事しながら、旦那はゴルフに行く、みたいな感じですね。

辻野　のろけていらっしゃいますね（笑）

桜井　「これ言いたいけれど、経営者の自分が言ったらまずいだろうな」ということもけっこうありますからね（笑）

辻野　破天荒な創業者と、堅実な番頭さんみたいな組み合わせは、経営の上で理想的なのかもしれないですね。ソニーなら井深大と盛田昭夫、グーグルならラリー・ペイジとセルゲイ・ブリンなど、わりと成功している企業には、才能に溢れた二人の共同創業者の組み合わせという例が多いように思います。さらに、シリコンバレーでは、ベンチャーキャピタルがプロ経営者と呼ばれる人を送り込みます。グーグルの場合は、エリック・シュミット。才能に溢れた天真爛漫な二人の子供達に大人の後見人をつけるみたいなイメージです。エリックはそれこそプロ経営者で、経営に関してはよちよち歩きだった二人の創業者を支えたという貢献は大きいと思います。

桜井　プロ経営者は、主には番頭の役目を果たすんですね。

辻野　そうですね。それと、プロ経営者というと、業績が悪くなった企業を立て直す「再建屋」のイメージもありますね。コストカットして出血を止め、経営数字を短期間で回復させるようなプロフェッショナリズムはもちろん貴重なのですが、本来の意味でのプロ経営者とは、立て直した後の企業をさらに発展させる成長戦略、まさに『その先へ（注：『獺祭』の銘柄名）』とセットで実行する力の持ち主であることが必要なのだと思います。

伝統と革新を両立させる事業継承

辻野 2016年10月に会長職になられましたが、事業継承として企業のDNAをどう引き継ぐか、一方で今後どう革新していくかなど、桜井一宏社長に伝えていることはありますか。

桜井 私が親のやり方を否定したから、今の旭酒造があります。おそらく今の社長は、私と同じことをやっても、私より絶対下手だと思います。だから別のことをやるしかない。そういう意味では、色々やってみた方がいいと考えています。今ならさまざまな面でフォローできますから。

辻野 継承していく時に、根幹の技術や企業のDNAは同じでも、代ごとに意識的に新しいことにチャレンジしていくというのはすごく大事なことなのではないでしょうか。

桜井 「続く経営」というのは、先代と違うことをしていくことと思います。虎屋さんは室町時代からありますが、その当時は小豆などないはずです。それが今では「羊羹の虎屋」などと呼ばれています。もしかしたら次の代は、カフェの虎屋かもしれない。それでいいのだと思います。

辻野 私がお付き合いしている地方企業に、新潟の三条市の鍛冶屋で4代目の小林さんという方がいて、同じようなことをおっしゃっています。世代ごとに全く違うヒット商品を作るようにしているそうです。彼は爪切りを作って非常に売れていますが、先代は栗の皮剥きをヒットさせたそうです。継承していく時、同じ事でも、世代ごとに意識的に新しいことにチャレンジしていくというのはすごく大事だと思います。

桜井 日本人のいいところは残していくし、変になっているところは直していかないといけないと思います。

辻野 今の日本企業のガバナンスを巡る動きには、グローバル化に合わせて、欧米型のガバナンスにどんどん切り替えていくムードが強いので、危惧しています。日本的な独自のスタイルの中に秘められた上手さや強さを改めて棚卸して、そこは尊重していかないと、知らず知らずに自分たちがもともと持っていた強みを毀損して弱体化することにもなりかねないと思います。

桜井　全部合わせてしまうと大事なところまで変わってしまいますからね。弊社は、祖父の代の明治年間に今の酒蔵を買っていますから、100年以上の歴史があります。ただ日本酒業界にどっぷり浸かっていますと、昨日と同じことをやろうとするのです、楽ですから。しかも、自分たちなりに勝手に解釈した「昨日と同じこと」をやろうとし始めるのです。

辻野　昔のものを表面的に継承して保存していくだけだと進化はありませんよね。本質的になにが大事なのかを理解した上で、日々新しいことにチャレンジしていかないといけないのではと思います。

桜井　弊社は杜氏制度をやめてしまったので、そのことですごく批判されたりしていますが、そもそも杜氏制度は実質上崩壊していると思っています。伝統産業の職人さんに多いのですが、なるべく若い人に教えない。教えないと何が起こるかというと、新規参入がないので、競争相手がいないのです。そして着々と自滅していっています。

辻野　旭酒造さんは、杜氏がいなくなったことによって、結果的には社員で純米大吟醸を作るというノウハウを蓄積されましたし、年に一度、寒い時に一回だけ新酒を仕込むという慣習も、温度管理して年中新酒を仕込むというように、日本酒の作り方を根底から変えましたよね。

桜井　弊社のやり方についてかなりオープンにしているのですが、それでもみんなパクろうとしないですから。

辻野　なにが自社として大事なのかをきちんと理解した上で、古いものをただ継承するのではなく、常に新しいことにチャレンジすることが大事ですね。

桜井博志

さくらい・ひろし

旭酒造株式会社代表取締役会長。山口県生まれ。
家業である旭酒造は、江戸時代創業。父の急逝を受けて家業に戻り、杜氏に頼らない酒造りを推進。銘酒純米大吟醸「獺祭」の開発をし、見事経営再建を果たした。海外進出にも尽力。昨年、社長を退任し、会長へ。著書に『逆境経営　山奥の地酒「獺祭」を世界に届ける逆転発想法』。

×

辻野晃一郎

つじの・こういちろう

慶應義塾大学大学院工学研究科、カリフォルニア工科大学大学院電気工学科を修了。ソニーカンパニープレジデント、グーグル日本法人代表取締役社長歴任後、現アレックス株式会社ＣＥＯを務める。早稲田大学商学学術院客員教授。『出る杭は伸ばせ！なぜ日本からグーグルは生まれないのか？』など著書多数。

2

「インテル入ってる？」はこうしてできた

シャープの事業部長、
インテルジャパンの社長を経験し、
現在は西岡塾などで
後進の育成に力を注ぐ西岡郁夫氏に、
一流の仕事の哲学についてお伺いした。

経営の知見と哲学をひとづくりの活動へ

西岡郁夫

株式会社イノベーション研究所　代表取締役

薮崎　元々シャープにいらっしゃいましたが、どのようなことをされていたのでしょうか。

西岡　１９６９年にシャープに入り、２３年在籍しました。シャープでは技術本部に新設したコンピュータ研究所長などを経て、コンピュータ事業の事業部長としてさまざまなことにチャレンジしていました。

インテルとつながりを持つきっかけにもなったのですが、非常に記憶に残っています。〝世界最小、最軽量、最薄〟という画期的なノートパソコンの開発に取り組んだのは、〝世界最小、最軽量、最薄〟を実現できたのは、容量が１・４４ＭＢと小さいのに図体はでかいフロッピーディスク（以下、ＦＤ）の代わりに、アメリカのベンチャーが開発した2・5インチで20ＭＢのハードディスクを搭載したからです。当時のパソコンは、一太郎や花子などのソフトウエアがすべてＦＤに入っており、ソフトのインストールのためには必ずＦＤドライブが必要でした。このＦＤドライブが大きくて重くて分厚く、ノートパソコンのサイズを決めていたのです。

若手メンバー達との熱い議論の末、ソフトウエアをインストールする際にはＦＤドライブをノートパソコンに付けられるようにし、持ち運びする時にはパソコンから取り外せるようにしました。ＦＤが消えた今となっては当たり前のように思うかもしれませんが、当時は非常にユニークでチャレンジングな取り組みでした。

薮崎　インテルと出会うきっかけは何だったのでしょうか。

西岡　インテルとの共同開発がきっかけです。ノートパソコン用にマイクロプロセッサの省電力化を目指していたインテルが、開発を一緒に行うパートナーを探していて、シャープに白羽の矢が立ったのです。それは、前述したシャープのノートパソコンのヒットという功績を高く評価してくれたからでした。

それで共同開発契約というのを結んだのですが、最初に契約書原案を見たときはびっくりしました。あまりにも一方的にインテルに有利な契約書だったのです。インテルからは、法務と技術、マーケティングの担当者が5人も契約交渉のため日本に押しかけてきました。シャープ側は私１人で徹底抗戦して、平等で対等な契約に持ち込んだのです。インテルがアンフェアだったのではありません。原案とは提案側に有利に作られているので、提案を受ける方はしっかりと筋を通して頑張り抜かないといけないことを学びました。

薮崎　インテルとはパートナーという関係だったのですね。どのような経緯でインテルに移られたのですか。

西岡　その時のインテル側のリーダーの方が、ＣＥＯアンディ・グローブに日本の社長として私を推薦してくれたらしいのです。ただし、当初はアンディから当時のシャープの社長だった辻晴雄さんに「西岡さんをインテルに下さい」と申し出がありましたが、辻さんは断られたそうです。社長同士の水面下の話し合いが京都で開かれたと、後で聞きました。断られた辻さんでしたが、後日、「君の一生のことを勝手に決められないから言っておくが、アンディから西岡をインテルジャパンの社長に欲しいと申し出があったが、断っておいたよ」と報告していただきました。

当時、新製品の商品発表で忙殺されていたので、「結構です」と一旦はお答えしたのですが、後で「やっぱりインテルに一度行ってみたいな」と思って、辻さんに「インテルに行かせて下さい」と相談を持ちかけました。休みの日に2回、社長室で長いこと話を聞いていただきました。最終的には「行ってよろしい」となり、行くことに最終決定するためにインテル本社にアンディに会いに行きました。なぜ僕を欲しいかを確認するためです。アンディは「専用ワープロがパソコンよりも人気がある特殊な日本市場をパソコン市場に変えて欲しい」と明確に説明しました。それは面白いなと考えてインテル行きを決めました。

辻さんに決心を伝えたところ、次の幹部会でみんなに「西岡はインテルに行くことになった。西岡、頑張れよ！」と両の掌を握って激励していただきました。感謝とともに、上司とはこうあらねばならないということを学びました。本当に辻さんにはお世話になったのですよ。いまも「別に用事はないけど、会おうか？」とご連絡をいただくなど親しくしていただいています。

「インテル入ってる？」には最初は反対！

薮崎　インテルではどのようなことをされていたのでしょうか。

西岡　1992年にインテルの副社長に就任したのですが、まだまだ日本の中ではインテルは有名じゃなかった。「インテルジャパンの西岡ですが」と電話口で言ったら、「インテリアジャパンの西岡さんですか？」なんてこともありました。インテル本社もブランディングに注力をしていたときでもあり、ドンドン外に出てパソコン市場の拡大に向けてのマーケティングに力を入れました。インテルという名前が有名になったでしょう。

私のインテルへの移籍は「インテル入ってる」プロジェクトが始まった直後です。実は私は最初、このプロジェクトには反対だったのです。かつてシャープの事業部長として、ノートパソコンのデザインにはすごくこだわり、手触りや色合いなどデザインを一生懸命検討して、製品を世に送り出していました。その手塩にかけて開発したノートパソコンの、しかも一番目立つところに、目立つ青色の「intel inside」のシールをペタッと貼るということに違和感がありました。

ところがアメリカでは、学生が図書館で「intel inside」の貼ったパソコンを使うようになっているというデータを見て、考えが変わったのです。事業部長が嫌だろうがなんだろうが、エンドユーザーがよかったらそれは正しいことなのだと。

薮崎　ＣＭも特徴的でしたよね。

西岡　各パソコンメーカーのＣＭの最後3秒に「ピンポンパンポン」とつくあのＣＭですが、日本では最初はすべてのテレビ局からＮＧが出たのです。1つのＣＭにつき1クライアントしか出せないというのがテレビ局の見解でした。もし今回のＣＭを許可して先例を作ってしまうと、たとえば、「冷蔵庫のＣＭに、最後の3秒で冷えたビールが出る」など、ＣＭの切り売りに繋がると危惧していたのでしょう。

両者の間で困り抜いていた広告代理店の部長に「ビールはお店で買えるけど、インテルのＣＰＵは買いに行っても売っていない。この3秒は、いいパソコンですよというインテルのお墨付きを与えているだけです」という知恵を授けて、無事にテレビ局からＯＫが出たのです。テレビ局はインテルのお蔭でパソコンメーカーがＣＭをバンバン出すのを欲しかったはずだから、何かＯＫを出す理由を探していたのかも知れませんね。

インテルが費用を分担して各メーカーのＣＭを流すというのは、一見非効率なブランディング手法に思えるかもしれませんが、「この製品は良いですよ！」という宣伝文句を自分で言うより、人に言ってもらったほうが信頼性が増しますからね。このブランディングは大成功を収めました。

インテルの強みは製造管理能力

薮崎　インテルの強みはどこにあるのでしょうか。

西岡　インテルが強い最大の理由は、製造管理能力だと思います。製品自体についてはイミテーターたちがインテルのアーキテクチャを真似て同じ性能のモノを安く売っていました。アーキテクチャは真似ることができても、インテルと同様の製造能力を持つためには莫大な投資が必要ですから真似ることができません。たとえばあるパソコンメーカーが新機種にインテル以外のＣＰＵを採用することになったとしましょう。新製品開発には、製造遅れなどスケジュール通りには行かないことの方が多いです。本当は50万個必要なのに、10万個しか間に合わない事があるかもしれませんね。インテルは何百万、何千万と平気で作れます。これはパソコンメーカーからすると非常に安心ですよね。臨機応変に対応できて、きちっと予定通りに納品できるという生産能力というのは、物凄く強力な競争力だと思います。

薮崎　液晶のシャープ堺工場はうまく稼働していなかったように思いますが、生産という観点からどのように考えていますでしょうか。

西岡　私は１９９２年にシャープを離れていますから、実際のところは何も知りません。ただ想像するに、シャープがあの物凄い生産能力を持つ堺工場の建設を決めたのは２００７年、稼働が始まったのは２００９年でした。そして２００８年にリーマンショックが起こって世界の大不況が始まりました。これで液晶の需要が一気に減速したのですから不運な側面がありましたね。リーマンショックを予測できた人はいなかったのですから、シャープの経営者の不明を責める訳にはいきません。

しかし、「あれだけの生産能力を持ったとしたら、誰に売るのか」という綿密な計画が必要だったはずです。亀山モデルでの大成功によって、自社で作った液晶パネルを自社でテレビにすれば２回儲かるという気持ちが販売網の拡充に悪影響を与えてしまったという側面もあったかもしれませんね。ＯＥＭでの販売先を十分に探さなかったのかも知れません。実際のところは分かりませんが。江戸時代の「ビジネスモデルのイノベーション」の先駆者である越後屋（後の三越→三井財閥）を大成功させた創業者　三井高利は家訓の中で「商売には見切り時が大切」と説いています。

〝上に立つ者〟の矜持 ―社長と副社長の違いとは―

藪崎　もともとシャープの事業部長をされてから、１９９２年にインテルジャパンの副社長、１９９３年に社長に就任されましたが、役職の違いで感じることはありましたでしょうか。

西岡　社長と副社長での責任の違いは副社長と新入社員の差より大きいと言いますからね。

シャープの時を思い出しても、社長に業績が悪いとドヤされても、副事業部長は頭をスクメていれば嵐は過ぎ去りますが、事業部長には逃げ場がありませんからね。

シャープの事業部長だった１９９０年に、世界最小・最軽量・最薄のノートパソコンを開発したのですが、最終的な利益計画のところでどうしても本社への利益が出せずに本部長の決裁を得られず、窮地に陥ったことがあります。発売さえすれば、想定以上に売れて利益を出せる自信があったので、社長が怖くて決済のできない事業本部長を飛び越えて社長に直談判をしました。

社長室に一人で行って、「市場に出せば必ず売れます。結果として本社にも利益を出せます。チャレンジをさせてください」と当時の辻晴雄社長に詳しく説明してお願いしたとき、最後に辻さんは「勝手にせい」と言って決済書を床に投げました。私はとっさに、「有難うございます。頑張ります」と言って社長室を出ました。事業部長の社長への説得の結果をこれまで開発に関わってきた多くの社員がどれほど心配していたことでしょう。550名の社員の期待を肩に背負った事業部長の責任を考えると、全社員の生活の掛かった社長の肩はどんなに重いのか想像に難くありませんね。

薮崎　社員からすると社長が何をやっているのかは理解されづらいですよね。定期的に日本の社長の年俸が話題になったりします。

西岡　一般的に言って日本企業の社長の年俸は低過ぎるかも知れません。しかし、一方で業績に直接響くような決定をしていない社長、神輿に担がれて任期を無事に勤めることだけを願っている社長もいますから一概に言えませんが、良い仕事をして自信をもって適切な年俸を取って欲しいですね。年俸が問題なのではなく、仕事の中身が問題です。

「社員数8万人」と組織が大きいことを自慢できるような時代は終わりました。これからは他社ではできない価値のある商品、サービスを生み出し提供する中小企業が日本中にいっぱいできていくことが重要です。

トップとの飛行機の搭乗で感じたインテルらしさ

薮崎　インテルはどのような組織風土だったのでしょうか。

西岡　インテルはフェアな組織風土の会社でしたよ。特に当時CEOだったアンディ・グローブは自身がハンガリーから命からがらアメリカに亡命してきた人で、大学で学んで博士号を取り、インテルのCEOとして出世していくことを受け入れたアメリカという社会に感謝をしていたと思います。だからすべてに亘ってフェアな会社でした。

一つだけエピソードをお話しますと、ラスベガスでのCOMDEXという当時世界最大のコンピュータ・ショーからサンフランシスコに帰るとき、たまたまアンディと一緒になって同じ飛行機に乗ることになりました。インテルは社長も新入社員も同じエコノミー席です。アンディと一緒に後ろの席に向かおうとしていたら、前方のファーストクラスに陣取っていた若い社員が「はーい、アンディ」と言って、アンディに声をかけてきたのです。インテルの若い社員でした。その社員にアンディは「君、アップグレードしてもらったのか、いいなぁ」と声をかけて、自分はエコノミー席に普通に歩いて行ったのです。日本の会社だとなかなか見られない光景だったので驚くとともに、インテルという会社の面白さを感じましたね。

藪崎　ちょっとしたシーンに組織のそうした雰囲気は出ますよね。そのフランクさはいい面も悪い面もあると思いますが、仕事ではいい方に働いていたのでしょうか。

西岡　仕事では社員の尊敬を一身に集めていましたよ。役職は果たすべき職務のためのランクであって、人間の優劣を示すものではありません。「実るほど頭を垂れる稲穂かな」をわれわれはいつも意識しなければなりませんね。

　ちょっとした小話ですが、アンディと朝打ち合わせをしていたら、守衛さんから内線がかかってきたんです。守衛さんが「アンディ、あなたの自転車には車輪が４つ付いているが」と電話してきたのです。駐車場がいっぱいだったので、アンディが駐輪場に自分の車を停めたようなのですが、それを見つけた守衛さんは当然のようにアンディに移動を命じました。アンディは「ゴメン、ゴメン」と走って行きましたよ。

日本だと会長・社長の駐車置き場が名前付きであったり、黒塗りの車に運転手付きであったり、ということが常識になっていますね。あれで、週末のゴルフにまで行く人までいますね。

日本をよりよくするためにできること

藪崎　西岡塾というミドル層を育成するプログラムを運営されていると思いますが、どのようなことをされているのでしょうか。

西岡　この歳になったら「ひとづくりが一番大切だ」と思って取り組んでいます。日本を良い国に変えて行ってもらうために企業のミドルたちを集めて彼らの「自己変革」のために研修をしています。以前の会社（モバイル・インターネットキャピタル㈱）の社長の時からはじめましたので、今は18期を開講中です。

大学の教授や現役の経営者を招いて、理論や経営論を講義いただき、そこから塾生達で議論をして思考を深めて自分のモノにしていくのです。8か月40講座のクラスに私は毎回出てファシリテーターを勤めています。私自身いつまでも新しいことを勉強できて大変幸せです。

薮崎　ひとづくりに関する活動を通じて、最近の「働き手」について課題に思うことはありますか。

西岡　日本の若い働き手たちはみんな「忙しい、忙しい」と言っています。朝から晩まで職場でパソコンにしがみついて働いています。彼らの上司たちも一緒です。会議から会議と渡り歩いて定時が過ぎてもパソコンにしがみついています。彼らは働いているのでしょうかね。僕には働いているフリをしているとしか思えません。仕事の成果が出ないから、せめて恰好だけは働いているフリをしているのでしょう。困ったことですね。ＩＣＴとかで便利なグループウェアが導入され、部下が企画した会議に上司を出席要請ができます。すべてのスケジュールが同じグループウェアで白日の下にさらされている上司は、会議の要請があるとハイハイと会議から会議へと走り回っています。こんなのでいいのでしょうか。会議とは部長が並々ならない戦略をもって適切な出席者を招集し、戦略的なアジェンダをもって開催するものです。部下の指示でやるものではありません。

もう一つ思うのは、私たちが昔は信じていた「よく勉強して、いい大学に行って、大きな会社に入るのが幸福」という幸せの方程式がすでに崩れているのに、いまだにその変化を理解していない人たちが多いことです。

学校を出て意気揚々と図体だけは大きいけど元気のない大会社の歯車になりにいくのではなくて、親が町工場をコツコツやっているのだったら、「その町工場をピッカピカにしてやる」と捉えて挑戦するような若者がほしいですね。

西岡郁夫

にしおか・いくお

1943年大阪市生まれ。1969年大阪大学修士課程修了しシャープ株式会社入社。コンピュータ事業部長を経て1992年インテル株式会社入社、1993年社長、ＵＳ副社長、1997年会長。1999年ＮＴＴドコモ等とモバイル・インターネットキャピタル株式会社設立、社長。ベンチャーの経営指導に注力。2007年株式会社イノベーション研究所を設立し代表取締役社長、西岡塾塾長。現在18期。

3

世界初！流れ星をエンタメにする、人工流れ星計画

人工で流れ星を作り出す。夢物語のように聞こえるこの取り組みに挑むのは、株式会社ＡＬＥの岡島礼奈氏だ。科学とエンターテインメントの両立を目指す岡島氏に、人工流れ星事業の現状や今後の可能性についてお聞きした。

宇宙ビジネスはマーケティングの成否にかかっている

岡島礼奈

株式会社ALE　代表取締役社長／CEO

薮崎　人工的に流れ星を作り出す仕組みについて、まずはお教えください。

岡島　人工衛星を使って、特殊な素材の流星源を衛星軌道上から所定の方向に放出します。するとその流星源が大気圏に突入する際に光を放つので、地上からは流れ星として見えるのです。2019年1月18日に人工衛星初号機を打ち上げ、2020年春に広島・瀬戸内地方での人工流れ星を使ったイベント実施を目指しています。

薮崎　実現への難易度はどれくらいなのでしょうか。

岡島　実は、アイデア自体は全然珍しくないのです。いきなり「人工流れ星」と聞くと、突拍子もないことに挑戦していると思われるのですが、天文学や宇宙科学をやっている方だったら「あ、それ考えたことある!」とおっしゃるのではないでしょうか。私は、大学生の時に、しし座流星群を同級生と見て「作れるんじゃないか」という話をしたことがきっかけでした。

また一度会社を作ったことがあるというのも大きいのではないでしょうか。マネタイズする方法が思いつかないし、お金もないからやらなかった、という話は聞きますね。

ゴールドマン・サックスから、人工流れ星の研究へ

薮崎　岡島さんが人工流れ星に取り組み始めたのは2011年からだと思いますが、それまでの経緯をお教えください。

岡島　大学から天文学を研究していましたが、一度大学4年生の時に、サイエンスとエンタメを融合させたリヴィールラボラトリという会社をつくりました。その後ドクターまで進んで卒業して、ゴールドマン・サックスの戦略投資部で働き始めました。ホテルやゴルフ場の買収などをやっていた部署なのですが、リーマンショックで規制が入ってしまって、部署縮小になってしまいました。それをきっかけにして起業をしたのです。

実は、ゴールドマン・サックス時代から、周りには将来人工流れ星に取り組みたいと話していました。私がい

た部署は仲が良くて年に1、2回集まるのですが、その時に進捗をアップデートしていたのです。そうしたら上司だった方に出資していただけたりして、今事業を進めることができています。

薮崎　ゴールドマン・サックス退職後、いきなりＡＬＥを立ち上げたのですか。

岡島　いえ、新興国進出のビジネスコンサルティングをやる会社に参加しました。東南アジアやアフリカ、インド、中東、チリなどいろいろでしたが、手足になって地を這うような案件を行っていました。その後の２０１１年にＡＬＥを立ち上げたのですが、研究開発自体は２００９年から細々と始めていたのです。

たとえば、大学の先生に「一緒にこういうことできないですか」というような話を持って行って相談したり、学生さんの卒業研究にしてもらったりして、流れ星はどうやったら発生できるかとか、物質がどのくらい熱くなるか、ちゃんと燃えきるかみたいなことを計算してシミュレーションしていました。

人工流れ星実現までのカウントダウンは始まっている

薮崎　２０１９年1月18日に初号機を打ち上げましたが、これまではどのようにして進めていったのでしょうか。

岡島　２００９年頃から、首都大学東京の佐原宏典教授に相談をしたり、そこの学生さんも手伝ってもらったりして細々と始めました。大学と一緒に、ＪＡＸＡの設備を使用した実験を行ったりもしていました。ＪＡＸＡには、小惑星探査機『はやぶさ』のカプセルが再突入する状況を模擬できる設備があるのです。それで、燃えるかどうかや、どのくらい明るいかというのをカメラで撮影して確認していました。

薮崎　ＪＡＸＡの設備は民間でも使用することができるのでしょうか。

岡島　これまでは、ＡＬＥと共同研究している大学がＪＡＸＡの設備を借りて実験していました。民間が借りられる仕組みもあるので、今後はＡＬＥが直接借りて実験を行うことも検討しています。

大学の先生方や政府機関との連携を密に取りながら進めています。流星源の開発には佐原宏典教授、日本大学の阿部新准教授にご協力いただきました。衛星本体の開発は東北大学の桒原聡文准教授が手掛け、極めて高い信頼性を誇るシステムを実現しました。さらに流星源放出機構の開発には神奈川工科大学の渡部武夫准教授と一緒に取り組んでいます。

薮崎　どのように開発を進めているのでしょうか。

岡島　技術開発の柱としては、流星源の開発と衛星側の装置（放出装置と供給装置）の開発がメインとなります。

少し人工衛星についてご説明すると、人工衛星はバス部とミッション部という大きく分けて2つから構成されています。バス部はどんな人工衛星でも持っている姿勢制御とか通信といった、共通システムの部分で、ミッション部というのが、われわれだったら流れ星を放出、供給する装置で、たとえばミッション部が望遠鏡になると、宇宙望遠鏡になったりするのです。サンダーバード2号をご存知だったらわかりやすいのですが、あれもいつも中身のコンテナを潜水艦など用途によって変えています。それと同じようなイメージです。

設計・開発は東京のＡＬＥ本社で行っていますが、東北大学で製造し、ミッション部についてはＡＬＥのラボがあるのでそこで作っています。また、放出装置の組み立てと実験は、和歌山県紀伊の会社で行っています。ＡＬＥの社員は20数名ですが、大学教授の方をご紹介いただいたり、ＡＬＥの活動を知ってお声がけいただいたりして、外部の方々も含めると3、40人がこのプロジェクトに関わっています。

打ち上げについては、初号機は２０１９年1月にＪＡＸＡのイプシロンロケットを使った「革新的衛星技術実証プログラム」に採用されて打ち上がり、2号機は海外の民間ロケットの利用を検討しています。

薮崎　一回の衛星で何個くらいの人工流れ星を発生させることができるのでしょうか。

岡島　今は４００粒くらいの流星源（金属を含む特殊な素材の１cm程度の粒）を衛星に載せることが可能で、１回につき5～20粒を放出させて人工流れ星を発生させます。

本当は、１０００粒くらい載せたいのですが、ガス圧で放出するので粒が増えるとガスの容量もすごく大きくなってしまいます。ガスボンベが一番重くて大きいんですよ。なので、粒自体を1000粒詰めても、それにともなうガスの容量が重すぎて、衛星を打ち上げられないのです。バネや火薬などの別の方法で放出できるようになれば、よりたくさんの粒を詰めることができるとは思いますが。

薮崎　流星源は思ったよりも小さいのですね

岡島　そうですね。天然の流れ星は、ゴマ粒くらいだったりするのです。しかも見えている時間も〇・何秒です。なので、これくらいの大きさの流星源なら数秒は流れ星を発生させることができるのです。

また、流れ星の色も流星源の素材で変わります。炎色反応のようなイメージです。

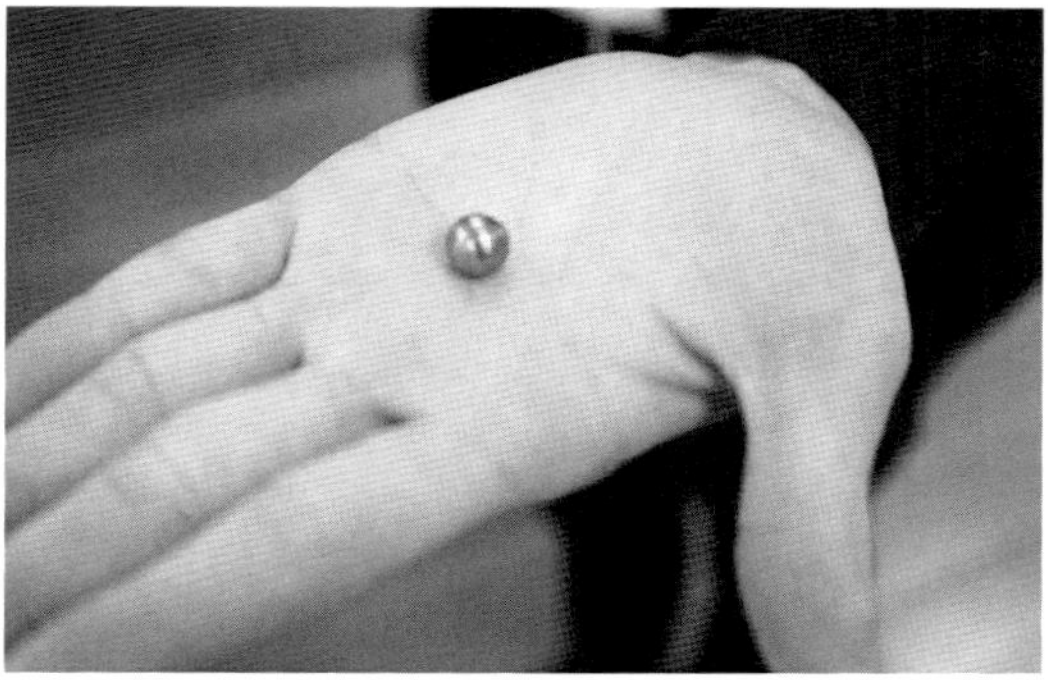

約1cm大の流星源サンプル

いろいろなところに「こういうものを作ってください」と頼んだり、普通に売っている金属を試したり、隕石を削って燃やしてみたり、など試行錯誤を重ねています。現時点で、ホワイト、グリーン、オレンジ、ピンクの4色までは地上での実験に成功していますが、他の色もできないか模索中です。

薮崎　宇宙を知らないと人工流れ星は突拍子もなく聞こえますが、少しでも宇宙科学の分野にいる人だったら、ALEさんに興味を持って集まってくるのもわかります。

岡島　そうですね。大学教授の方々などは、さらにこれが科学技術の発展や基礎科学の貢献にもなると思い、参加していただけることが多いです。ある意味、基礎実験に近いかもしれません。このビジネスが科学の発展にも貢献できると嬉しいなと考えています。

火星にまだ行けていないのは、マーケティングに失敗しているから

藪崎　1960年代70年代にアポロ計画であれだけのことができたのに、それ以降宇宙への取り組みが発展していないように感じます。

岡島　『月をマーケティングする』という本に書かれているのですが、アポロが月に行けたのはマーケティングの賜物であって、われわれがまだ火星に行けていないのはマーケティングに失敗しているから、ということだと思います。

藪崎　なるほど。つまり、技術の問題ではないのですね。

岡島　その通りです。「行くぞ」と宣言して、関係者ひいては世の中に「いかにこのミッションが必要なものとして認識させることができるか」なのです。「月に行く意味ってあるの?」「宇宙への投資によって、経済価値はどれくらいあるのか」などの問いにどう答えていくか、そしてどう周りをノセていくかという、技術ではないビジネス的な観点が宇宙進出にとって重要なのだと思います。

藪崎　宇宙という領域における日本の現状をお教えください。

岡島　今、アメリカが「宇宙での資源は先に見つけたもん勝ち」というようなこと言っていますが、日本もしっかり対策をしないと手遅れになってしまうと危惧しています。特に日本は、高い技術があるのに機会逃してしまっているかと思います。

たとえば、チリに「アルマ」という建設費が2000億円くらいかかっている天体望遠鏡があるのですが、それはヨーロッパとアメリカと日本のプロジェクトなんですね。日本の技術があれば、一番に先陣切れるチャンスがあったのに、日本は何らかの事情で参加表明が遅れてしまったと聞いています。望遠鏡には日本のカーボンなどの素材や技術がかなり使われていると聞いていますが、日本が主導権を握っているわけではないようです。「月への進出ではぜひ先陣を切ってやってほしいな!!」と思っています。

薮崎　団体内でのリーダーシップや交渉等の場面で発揮しなければならない「我の強さ」は、日本人が苦手とするところですね。

岡島　苦手ですね。まず、あらかじめ要求をバシッと言わないですよね。さらに交渉もあまりせずに受け入れてしまう。中国やインドの人とお仕事をしていると、彼らは「とりあえず言ってみる」みたいなことあるじゃないですか。で、こちらが「そんな条件、のめるわけないでしょ！」と言うと、「てへー」みたいにやるじゃないですか。ああいうことを日本人はやらないですよね。宇宙とか今、もう中国には完全に負けていると感じます。色々チャレンジできるところは強いですね、なんか見ていて。リスクを恐れてチャレンジできないとどんどん弱くなるんだなと思います

企画がビジネスを面白くする

薮崎　ビジネスとしては、一回いくらというような売り方をされるのですか？

岡島　一回いくらとかでは売ろうとしていないんです。現在、２０２０年春に広島・瀬戸内地域で人工流れ星の実現を目指しています。この時には、直径２００㎞の範囲で見ることができるので、みんなで楽しんでください、という場を作りたいと考えています。流れ星を楽しむ「場」を作って、そこでさまざまなイベントを企画していきたいと思っています。

薮崎　モノではなくコトを売っていくのですね。結構な企画力が必要ですよね。

岡島　はい。うちは企画が得意な人もいますので、今後さまざまな仕掛けをつくっていけると考えています。他のビジネスにも言えることかもしれませんが、流れ星事業を成功させていくためには、「みんなを」巻き込んで、「みんなで」盛り上げていくことが重要だと考えています。

薮崎　ウェブサイトも含め、ＡＬＥからは技術系の会社という感じがしないです。

岡島　宇宙ベンチャーって、８割、９割がテック系の人なんですよね。われわれは半分がマーケティングチーム、もう半分がテックチームで、宇宙エンタメ企業を標榜しています。テクノロジーとマーケティングを両立させることで成長していけると考えています。

宇宙はみんなつながっている！インターステラテクノロジズに期待

薮崎　宇宙ビジネスで注目している企業はありますか？

岡島　堀江貴文さんがファウンダーをされていて、稲川貴大さんが代表をされている、インターステラテクノロジズ（以下、ＩＳＴ）は注目しています。今のＡＬＥは、誰かメインの人が打ち上げる人工衛星に相乗りの状況なので、ロケットの脇にちょこっとＡＬＥの機器を載せてもらっているんです。なので、そもそもＡＬＥの行きたいところとそのメインの人工衛星が行くところがイコールではないので、彼らが行きたいところの中で、ＡＬＥが行きたいところに近いところを選んでいるんです。ＩＳＴのロケットは小型でさらに安価なので、ＩＳＴの成功はＡＬＥの事業をさらに進めてくれるはずです。

薮崎　なるほど、今のＡＬＥさんが使用している人工衛星は、タクシーじゃなくてバスの乗客のような感じなのですね。

岡島　そうです、まさに現状はバスに乗っていて、おそらくＩＳＴはタクシーです。しかも安価なタクシー。軌道が自分達で選べるということは、演出の多様性にもつながってくるので、本当に期待しています。

薮崎　２０２０年に東京オリンピックもありますが、今後はどのように考えていらっしゃいますか？

岡島　人工流れ星は現在開発中のため、オリンピックで公式にという話は現時点では進んでいませんが、世界中から注目が集まるイベントですので、その時期に合わせて何かできないかという気持ちはあります。

あと、私たちは空をキャンバスに見立てて、流れ星でさまざまなものを描きたいと考えています。『Sky

Canvas』と呼んでいますが、絵や文字などでいろいろな演出をしていきたいと考えています。また、同時に人工流れ星事業を行う中で得たデータを、他社と連携したり、販売したりと活用していけたらと考えています。

イベントでの人工流れ星（イメージ）

岡島礼奈

おかじま・れな

株式会社ALEを2011年9月に創設。代表取締役社長／CEOに就任。東京大学大学院理学系研究科天文学専攻にて博士号を取得後、ゴールドマン・サックス証券へ入社。2009年より人工流れ星実現の技術に着手。2017年フォーブスジャパン発表の「起業家ランキングBEST10」にてポルシェジャパンより「START-UP OF THE YEAR 2018 Porsche E-Performance特別賞」を受賞。「科学を社会につなぎ 宇宙を文化圏にする」を会社のMissionに掲げ、今後はエンターテイメント事業で構築した技術や知見を他領域で有効活用することにも注力。従来取得できなかった高度宇宙環境データを関連機関・企業へ提供するなどサイエンス領域への貢献をめざす。

4

教育に革新を。IT教育を推進するライフイズテック

中高生向けのプログラミング教育を提供するライフイズテック。
教育×ITで子供たちがプログラミングを楽しみながら学べる環境を作ることを目指す代表取締役の水野雄介さんに、盛り上がる〝場〟の作り方についてお聞きした。

時代は新しい教育のカタチを求めている

水野雄介

ライフイズテック株式会社 社長

薮崎　ライフイズテックの事業について簡単にご紹介いただけますか。

水野　中高生向けのプログラミングの「キャンプ」と「スクール」を提供しています。キャンプは、春休みや夏休みなどに3～8日間集中的にプログラミングを学んでもらえるようにしており、スクールは1年間通学してもらって学べるようにしています。また、オンライン教育として、「MOZER」というシステムも開発しています。

薮崎　どのようなきっかけで起業されたのでしょうか。

水野　もともとは起業しようとは思っていませんでした。「教育」に興味をもっていたので、教員免許を取って、大学院に通いながら開成高校で非常勤講師をしていたんです。教師になろうかなとも思いましたが、自分が社会に出ないと教えられないことも多いと思い、ワイキューブという企業に入社しました。当時は、会社で働くのは3年間と決めて、また教職に戻ろうと考えていました。

でも就職して3年が経ったときに、ちょうどキッザニア（子ども向け職業体験型テーマパーク）がオープンから5年くらいの時期で、とても盛り上がっていたんです。それを見て「時代は教育の新しいサービスを求めている」と感じました。なので、学校の先生には戻らず、教育で起業という道を選びました。教育ありきで、事業内容もその点から考えていきました。

薮崎　どうして中高生向けのプログラミング教育を事業にしたのですか？

水野　まずライフイズテックを立ち上げるにあたって最初から「中学生と高校生の教育のための事業をしたい！」という思いがありました。というのも、最も重要で可能性を持っているのに、最も教育が遅れているのが中高生の6年間だと感じていたからです。

自分が中高一貫校で育って「一律の教育」に疑問を感じていたことも影響していると思います。いい面もありましたが、進学校ということでやりたいことを制限される場面も多くありましたから。

あとは開成高校で非常勤講師として働いた経験が大きいです。高校生に物理を教えていたのですが「ゲームを作りたいけど、どうやって作ったらいいのか」、「こういうアプリを作ったから見てほしい」とやってくる子がいました。パソコンを学びたい子が結構多かったのです。今ではプログラミングに対して肯定的になってきていますが、当時はオタクっぽく見られるというか、ネガティブな風潮もあり、子供のやりたいことを大人がうまく褒めながら伸ばせていないと感じていました。プログラミングは伸ばすべきスキルなのに、取り巻く環境が理解しておらず、伸ばす手法＝教育も確立されていなかったのです。

ですので、伸びる時期×伸ばすべきスキルということで中高生向けのプログラミングに焦点をあてました。

最初のキャンプは参加者3人。事業を軌道に乗せるまでには3年かかった

薮崎　最初のプロジェクトと、事業が軌道に乗るまでの経緯について教えてください。

水野　最初はキャンプを行いました。中高生を大学に呼んで、３〜５日間でプログラミングを集中的に学ぶというものです。カリキュラムの内容はライフイズテックを立ち上げたメンバー３人で試行錯誤し、大人向けの教科書を中高生向けに改変したりして、カリキュラムを作りました。中高生の中で結構プログラミングができて有名な子と連絡を取り合い、ツイッターでやりとりして教えてもらったこともあります。

基本的に、教師の仕事は難しいものをわかりやすく楽しく伝えることだと思っています。だから、まずはどういうカリキュラムだったら楽しんで理解してもらえるか、という発想から考えて形にしていきました。最初のキャンプでは、ｉＰｈｏｎｅのアプリを作るコースと、ゲームを作るコースの２つを用意しました。

さらに、日本人は外国からの文化や技術に魅かれるところがあるので、その要素も取り入れるようにしました。キッザニアがあれだけ成功したのも、メキシコ発という要因があると思うんですね。なので、スタンフォード大学のＩＴキャンプを見学したり、シリコンバレーでやっていることを参考にしたりして、東京大学と慶應義塾大学でプログラミングキャンプをやってみたのです。ベンチャーなので、知名度もお金もないところからスタートして、集客も資金調達も課題は山積みでした。結果として、最初のキャンプに集まってくれたのは３名。

そこから始めて、1年目は7人集客のキャンプを5回開催、翌年の夏は300人、その次が1,000人、そして次が3,000人、と倍々に伸びはしましたが、軌道に乗せるにはそれだけの苦労がありました。社員が自社の事業だけで食べていけるようになったのは3年目くらい。1~2年目は企業の研修を手伝い、兼任でいろいろなことをやりながら取り組んでいました。

藪崎　近畿ツーリストと提携したプログラミング教育付き修学旅行のサービスを開始されましたが、そのサービスの背景や現状について教えてください。

水野　修学旅行に組み込むプランは、近畿日本ツーリストと5年くらいずっと話をしてきて、ようやく芽が出た企画です。「プログラミングに興味があって学びたいけれど、参加できない」という地方格差の問題を解決できる大きなカギとして、修学旅行があるとずっと考えていました。

東京に観光に来て、スカイツリーに登って国会議事堂へ行って……だけではなく、キャリア教育というか、職場体験のようなことをできるのは面白いのではないかと思います。

生徒全員が来ない学校もあります。学校側でいくつかコースを選べるようにして、オプション的に体験したい子だけが参加するケースも多いですね。ただ参加してくれた子たちは、プログラミングができる子が0人とか1人っていう状況でも、めちゃめちゃ盛り上がります。実際に動くプログラムを作るというのは、テンションが上がるみたいです。そもそも修学旅行に来ている、という時点でテンションは高かったのかもしれないですけれど(笑)。

世の中全体の流れと同じように、モノ消費じゃなくてコト消費、つまり体験型の商材が良く売れるというのは、近畿日本ツーリストの方もおっしゃっていました。特に、ここ10年くらいで流れがかなり変わってきていると感じます。「お土産を買う」「観光する」だけじゃなく「東京で働く」という体験をさせてあげたいと、そう考える学校が増えているのではないでしょうか。

他にもオーストラリアやシンガポールで会社を作ったり、オックスフォードでキャンプしたり、自治体向けのプログラムを開始したりと、さまざまな機関や地域と連携しながらサービスを広げています。

「中高生を教えることによって大学生も育つ」という副産物

薮崎　ビジネス面から、ライフイズテックという教育サービスがユニークである点はありますか？

水野　僕らのイベントでプログラミングを教えるのは大学生なので、中高生のための教育でありながら、「中高生を教えることによって大学生が育つ」という図式も成り立つんですね。そういった場（キャンプ）で育った大学生は、他の企業にとっても新卒で欲しい人材だよね、ということでＩＴ業界の人材育成として、協賛していただいています。

あとはビジョンへ共感いただき、長期的な視点でのＩＴ業界の投資と考えていただいているケースが多いのではないかと思います。ジャフコ、キッザニア、ＤｅＮＡ、リクルート、イーストベンチャーズ、孫泰蔵さんが社長をされているMistletoe（ミスルトウ）の各社です。

それから、サイバーエージェントとは僕らライフイズテックがノウハウを出して、人材と出資はサイバーエージェントという形で、小学生向けのプログラミング教育のジョイントベンチャーもやらせていただいています。小学生向けのプログラミング教育はニーズがあるんですが、僕らだけではパワーがなくて、サイバーエージェントから「ぜひ一緒にしましょう」というお話があって、形になりました。

また、ＫＳＫエンジェルファンドは、理念の一致といいますか、ビジョンへの共感によるものが大きいですね。資金調達の交渉期間を締める直前にファンド設立のニュースを見て、本田圭佑さんが教育について興味をお持ちということは知っていたので、共通の知り合いにすぐにＬＩＮＥをつないでいただいて、連絡のやりとりから少しお話をして調達しました。資金調達は、１回目の総額は３億円で、２回目の総額は７億円です。かなり拡張しましたね。

そうして集めた資金の使途についてですが、一番はオンライン教育サービスの開発ですね。キャンプやスクールは、格差の問題を無視することができません。つまり、開催場所の立地や金銭的な理由で、来たくても来られない子がどうしても出てくるんです。

「やりたい子がしっかり学べる状態を作らないといけない」ということはつねづね感じていて、問題解決のため、どこでも学べるオンライン教育についても計画しています。それができれば会社としてもプラスになるわけですし。そのシステム開発に、今は一番お金を使っています。

最近では、アメリカや日本の学校でもライフイズテックの開発したシステムを使ってもらっています。そうやってチームで開発を続けながら、さらにコースを増やして売っていけたらと考えています。

薮崎　将来的なビジョンについて聞かせてください。

水野　将来的には「21世紀の教育変革」というところまで、ビジョンを描いています。教育を変革するためのアイデアのひとつとして、学校教育の変革もあります。それを２０２０年くらいからスタートできればと思っています。

具体的には、ライフイズテックが民間企業として学校の経営や運営に関わっていきたいと考えています。現在の日本では教育予算がどんどん減っていく傾向にありますが、良い教育のためには、株式会社の仕組みのように予算を外部から調達する必要があると考えています。学校のより良い経営や運営のために、リクルートが株を持ちます、サイバーエージェントが持ちますというような仕組みが作れたら面白いなと思っています。

学校の運営と経営を分けることで、従来の学校が困っている問題を解決して、いい学校、いい教育ができるのではないか、と考えています。そのためには、まず自分たちが一つ「こういうものが最高ですよね」って提示できる理想の学校を作らないといけないですけどね。そういうことをやっていけると、日本の学校教育も少しずつ変わってくるんじゃないかと思います。

場を好きになってもらうことで、学ぶことも楽しんでもらえる

薮崎　HPを拝見すると、イベントが盛り上がっているのが伝わってきます。

水野　僕らは、ディズニーランドよりもライフイズテックに行きたいと言ってもらえる場所になることを目指しています。ディズニーランドってすごく行きたくて行く場所じゃないですか。だけど、勉強するための学校には行きたくない。この違いは何なのかを意識しています。

まず、キャンプやスクールを「行きたい場所」として思ってもらうために、一緒に学ぶ人や教えてくれる先輩がみんな楽しそうに見えるように工夫しています。たとえば、みんなが好きな色のTシャツを着るところからこだわっています。カラフルなTシャツで自由な雰囲気を感じてもらって、写真に映るテーブルも何もかも「充実している」、「楽しんでいる」ということが伝わるようにしているのです。

小さなことですが、こうした雰囲気が「ちょっと参加してみようかな」につながるのです。単にわいわい盛り上がっているだけではなく、友達ができそうとか、夏の思い出が作れそうとか、個性を獲得できそうだとか、十人十色な中高生の「楽しそう」につながるようにしています。また、外からどう見られているかも重要です。場に所属することは、自己表現にもつながっているので、どういう見せ方にするのかはHPなどでも気を遣っています。

薮崎　場をあたためるような工夫はされていらっしゃいますか？

水野　初対面同士の中高生が集まるので、お互いに打ち解けるためのイベントもたくさん用意しています。共通の興味について共同で行うことで一気に距離が縮まります。たとえば、プロモーションビデオをみんなで一緒に作ろうということもあります。みんなが好きなアイドルのPVを真似して、動画編集ソフトで作ってみようよ、と。本当にちょっとしたことですが、そうした小さな仕掛けを積み重ねることで、「場」を好きになってもらうのです。そしてその結果として学ぶことも楽しいと思ってもらえます。場をどう盛り上げていくかということ

は、中高生の学びの深度にも密接に関係しているのです。

藪崎　学生はどのような意識でイベントに参加しているのでしょうか。

水野　中高生は、プログラミングでできることに興味関心があったり、楽しそうだったりといった理由で参加を決めています。どちらかというと「スキル習得のために参加しよう」というよりは、「楽しそう」という思い一つで参加する中高生が多いように感じます。「将来役に立ちそう」という発想は大学生とか、親御さんの考え方かもしれません。

プログラミングのスキルが身について、しかも学校や自宅では体験できない刺激を受けられるというのが、参加の動機として大きいものがあるのではないでしょうか。たとえば、オックスフォードでの初めてのキャンプでは、1249年からある世界最古のカレッジに泊まるなどの取り組みもしました。

参加した中高生がコミュニティを作れることも、「楽しそう」と感じてもらえる要素だと思います。教育って即効性がないというか、すぐに成果が目に見えるかたちであらわれるものではありません。なので、何を学ぶかはもちろん大事ですが、中高生当人にとっては、「誰と学ぶか」や「どう学ぶか」が重要な要素になってくるのです。たとえば、いかに物理好きだったとしても、学校嫌いだったり、一緒に学ぶ友達や学ぶ先生が嫌いだったりすると、物理自体もイヤになってしまう。だから中高生は、総合的な要素がある学びに惹かれるし、弊社としてもそういう場を提供したいと思っています。

プログラミングにおける成功体験、一緒にキャンプに参加した同世代の子たちの輪、さらにはメンター（プログラミングを教える大学生）のコミュニティも、不可欠な要素だと思います。特にメンターは、中高生にとって学校における直接の先輩後輩関係ではない、いわば「斜めの先輩」とでもいうべき存在です。「将来こんな先輩になりたいな」と思ってもらう憧れの先輩がいることは大事なのです。

カリキュラムはもちろん重要ですが、そうした総合的な要素があることが、参加したいと思わせる強みだと考えています。同世代の初対面同士が仲良くなれるアクティビティを用意しているので、プログラミングだけにとどまらず、さまざまな刺激を得られるのが楽しいんじゃないでしょうか。

今後、各企業と提携して僕らがリソースを使わないかたちで、もっと世代を広げることはあるかもしれません。でも、自社としては中高生にしぼると決めています。そう決意するくらい、中高生に特化しているからこそ、子どもたちが集まってくるのだと思います。

ライフイズテックは女子中高生に合わせて作られている

藪崎　イベントの参加数はどれくらいなんでしょうか?

水野　キャンプ、スクール、提携イベントなどを合わせると、延べ人数で25・000人(※2017年10月時点)くらいです。提携イベントは、地方自治体と協力するものが最近はすごく多いです。地方では、自治体の中で産業を作り出せるような人材を育てて、地方に根付いた活動をしてもらいたいという意識が強くなってきたのかもしれません。ITならそれが可能ですから。大学生が中高生を指導してやっていくというシステムを、広島や福岡、宮古島などで広く展開してやっています。

藪崎　何度も繰り返し受講する中高生はいますか?

水野　リピーターが多いのもライフイズテックのイベントの特徴だと思います。参加者の内訳は、半数がリピーターで、半数が新規です。特にリピーターに個性が出ます。たとえば1回目にiPhoneのアプリを作るコースを受講した子がリピーターになり、1年かけてアップストアに出せるオリジナルのアプリを作ったりします。そうしてストアに出すと、ダウンロード数という目に見える成果が分かるので、もっと作り込んで、とか次はこんなアプリを……と、より深いところまで学んでいくパターンが一つありますね。

一方で、アプリを作ったら宣伝する動画やウェブサイトがあったらいいんじゃないかとか、もっとデザイン性を重視するべきだよねとなって、違うコースを新しく受講したりする子もいます。リピーターといっても、中高生の興味や関心によって学びたい内容はさまざまなのです。

薮崎　進学校の生徒が多いのでしょうか？ また、中1～高3の割合や男女比などはどうでしょう？

水野　進学校の学生が多いということはありません。高3は受験があるのであまり来ませんが、それ以外の年齢分布は大体均等です。男女比は、6：4もしくは7：3くらい。海外だと女の子は9％くらいなので、これはかなり特徴的な割合だと思います。2014年に、コンピュータサイエンスやICT教育の普及に貢献している組織にグーグルが与える賞『Google RISE Awards』を東アジアで初めて獲得したのですが、この受賞にあたっては女子中高生の積極的な参加というのも、大きな理由になっています。

薮崎　女子中高生が参加しやすい理由について教えてください。

水野　入り口はスマホですね。今は中学生でも自分のスマホを持っている子が多くて、スマホのアプリは彼ら・彼女らにとってとても近い存在なんですね。昔は、中高生にとってプログラミングは遠い存在で「プログラミングでゲームを作れるよ」と言われても、本当にゲームやパソコンが好きな人じゃないと触りたくないというところがあったと思います。中高生に興味があることにプログラミングが役立つ、と理解してもらって、プログラミングを自分に近い存在だと感じてもらうことが大事だと考えています。

スマホアプリの他にも、ユーチューブなどの動画系メディアに関する要望や、PSVRのゲーム作りたい、などのアイデアを出してくる子もいます。絵を描きたい、サッカーをしたいというのと同じ感覚で、プログラミングでやってみたいことが出てくるのです。画一的にプログラミングだけを教えるのではなく、まず興味のあることをフックにして、それをもっと進化させてくれる存在としてプログラミングがあると思ってもらいます。

実は、弊社のサービス全体の設計は、女子高生に焦点を合わせて作っているのです。女子は特に〝場〟の雰囲気について敏感だと感じます。それが女子生徒の参加率向上につながっている要因でもあるのではないでしょうか。もちろん、そうした全体設計をベースにして、現場レベルでの細かい変更・対応をしていきます。男子中学生に教えるのが得意なメンター、エンジニア気質の人、デザインが得意な美大生、コミュニケーションに長けた大学生などさまざまな個性のあるメンターがいるので、どんなグループ、個人でも盛り上がれるような配置ができるのです。このアサインは肝となります。盛り上がりに欠けるグループがあれば、その場で配置換えすることもあるくらいです。

メンターを育成する「ライフイズテックリーダーズ」も、そういった属性を考慮して採用しているのです。やはり科目で技術的な人に教わりたい中高生もいれば、一緒にわちゃわちゃ遊んでくれるお兄さんに教わりたい子もいるので、現場の肌感覚をもとにＰＤＣＡを回して、適材適所を見極めていきます。

現場レベルの個別設計と全体の設計を両方やることによって、参加した中高生が誰でも楽しめて、深い学びが得られるようしています。

円滑な運営の鍵は、細分化されたフィードバック

藪崎　教える側である大学生の育成について教えてください。

水野　メンターの育成は「ライフイズテックリーダーズ」という仕組みでやっています。募集はＨＰで、年１回１５０人くらい採用します。応募は４００人くらいなので倍率は3倍くらいかな。そこから１００時間の研修をして、それに受かった人たちだけが現場に出られるという仕組みです。

教える経験やプログラミングの技術はもちろんですが、コミュニケーション力もすごく重視していますね。研修は土曜日で、８時間×12週間、みっちりやります。社員やすでに現メンターである大学生にも手伝ってもらって、研修中もコミュニティをきちんと作っていきます。宿題もかなり多いこの研修は無給ですが、大学生にとっては自分のための勉強として捉えてもらっています。この研修に受かって現場に出たら、メンターとして日給をお支払いしています。

こうして育てたメンターのマネジメントとして重視しているのは、ミーティングです。メンター総会のほかに、

いろいろな役割ごとに情報共有してもらい、振り返りをして前回こうだったから次はこうしようとか、意見を交換しています。教える現場のメンターのフィードバック、運営側のフィードバック、カリキュラムのフィードバックと、それぞれ振り返りを細分化し、中高生のいい学びのためにすべてを集約させています。

薮崎　大学生にとってメンターになるモチベーションや原動力はなんでしょうか？

水野　将来、就職に役立つと思ってメンターの活動をする学生は多いと思います。協賛企業に採用されたりもします。うちのメンターは、エンジニア系だけでなく、デザインを学んでいる子や、コミュニケーションをとるのが上手な子など、本当にいろいろな子がいるのです。コミュニティを作りやすい環境にしているので、大学生はライフイズテックリーダーズにいること自体が楽しいんだと思います。サークルみたいな雰囲気で、なおかつ自分たちが成長していく実感、自分たちで物事を進めていく実感を得ることができるのだと思います。勉強会をしたり、テクニカルな話ができたり。技術力を高めて、アプリの大会に出たりする大学生もいます。

薮崎　現場の運営はすべて手がけているのでしょうか。

水野　僕が現場に出ることもありますけれど、副代表がキャンプを全部見ていて、マネージャーがいて、リーダーがいて……という体系を作っていますね。会社は副代表で元同僚の小森と、営業やもろもろを見ている大学時代の友人と3人で立ち上げました。役員、マネージャーとして入っているのも、中高で僕の後ろの席だったやつとか、創業当時に別のベンチャーやっていたやつとか、基本的に仲良くて、仕事ができて役割の違う人に入社してもらっています。尊敬しあうことができれば、これはうまくいく方法だと思います。

友達を入れるとうまくいかないパターンはよく聞きますが、気心が知れていると一緒に仕事していて楽しいですよね。仕事も〝場〟が楽しいというのは、重要なことだと思います。また、「中高生のために働く」というミッションが明確なので、友人同士でもブレることなく仕事ができているのかもしれませんね。

中高生、親、大学生、協賛企業、世の中にとってメリットをつくる

薮崎 プログラミング教育に対する親の反応についてはいかがでしょうか。

水野 「将来役立ちそう」という意識はあると思います。ただ、中高生というとある程度、独立というか自己を確立している年頃なので、親御さんの一方的な思いだけでイベントに参加するということはあまりないでしょう。あくまでもお子さん自身にライフイズテックへの興味があって、その上で親御さんも納得して、という感じですね。

最近は、プログラミング教育元年なんていう言葉も出てきて、大手企業もこっちの業界に参入していますが、受験に直接関係あるかというとそうではありません。受験に対してお金は出すけれど、そうじゃないことに対して、親御さんのハードルは高いものです。そのため、価格以上の価値を提供するということは常に考えています。僕らのキャンプは6万円とか、それくらいするので。そのサービスクオリティを作るためには、それなりのことをやらないといけないですよね。中高生、親、大学生、協賛企業、そして世の中に「このイベントって大事だな」と思ってもらうことが必要です。教育でお金をとるっていうのは大変なことだと実感しています。

薮崎 国際的にみると日本のプログラミング教育の現状はいかがですか?

水野 まず一番にいえるのは、すごくチャンスがある状況ということです。日本のプログラミング教育は、諸外国からみると結構遅れていると思われがちですが、決してそんなことはありません。僕らは、オーストラリアやシンガポールでも会社を作っていますが、各地ですごく高い評価をもらえたり、参加したいと興味をもってもらえたりすることが多いです。プログラミング教育は需要があって、しかもそうしたプロジェクトはあまり進んでないということだと思います。教える人がいないという点は、日本とほぼ変わらないんです。ITのメッカであるシリコンバレーですら、そういった状況です。

今はどの国でもIT教育のニーズがあると思います。日本だと、NPOでプログラミング教育をやっていると

ころもたくさん出てきましたし、小学生向けは大手の参入もかなり増えている実感がありますね。プログラミング事業という〝場〟をもっと盛り上げていけたらと思います。

水野雄介

みずの・ゆうすけ

1982年生まれ。慶應義塾大学理工学部物理情報工学科卒、同大学院修了。大学院在学中に、開成高等学校の物理非常勤講師を2年間務める。その後、株式会社ワイキューブを経て、2010年、ライフイズテック株式会社を設立。14年に、同社がコンピュータサイエンスやICT教育の普及に貢献している組織に与えられるGoogle RISE Awardsに東アジアで初の授賞となるなど世界的な注目を浴びている。「日本のIT界にイチロー並みの人材を送り出す！」を目標に世界を駆け回る日々を送っている。

5

星野リゾート・近大から学ぶ固定概念をぶっ壊す経営

ホテル・旅館経営に次々と革新を起こしている星野リゾート代表・星野佳路氏と、世界初のマグロの完全養殖やユニークな広告で話題の近畿大学学長・塩﨑均氏に、「固定概念をぶっ壊す」経営についてお話をお聞きした。

答えのない問題に答えを出すために

塩﨑 均

近畿大学学長

×

一度外に出ることで見えること

星野佳路

星野リゾート代表

※肩書は取材時のものです

塩﨑　近畿大学（以下、近大）は、面白い広告を作る大学としても知られていて、2014年にマグロが山から頭を出しているデザインにつけたコピーが「固定概念をぶっ壊す」でした。このように大学の常識にとらわれない教育・研究活動を行っています。星野リゾートもとてもユニークな経営をされていると感じます。新今宮への進出については、関西でもかなり話題になりました。星野さんは、もともとホテル業界を目指されていたのでしょうか。

星野　真剣に考え出したのは大学からです。実家が長野県軽井沢で株式会社星野温泉という旅館を経営していまして、4代目として家業を継いだのです。ただ、小学校の時はスピードスケート、中学校からはアイスホッケー中心の生活で、ほとんど勉強していませんでしたね。学校に行っていた時間よりも、練習していた時間の方が長かったと思います。

塩﨑　そうなんですね。実は私も星野さんと同じく体育会系でして、ずっと合気道をやっていました。実は医者になるべきか合気道をやるかでずっと悩んでいたんです。ただ腰を痛めまして、それがきっかけで医者の道を選びました。大学卒業後の1978年に、西ドイツのハイゼンベルク大学に留学したのですが、客観的に日本の医療の状況を認識できたことはよかったと思います。

星野　外から見るからこそ価値がわかることは多いですよね。実家の旅館は、建物も古めかしく毎晩騒がしかったりで、「かっこわるい」とずっと思っていて、ハワイやカリフォルニア、ニューヨークのホテルは「かっこいい」し、日本に持ってきたいと思っていました。大学卒業目前で家業を継ぐことを意識し始めて、ホテル業を学ぶために1984年にコーネル大学に入学しました。グローバルの環境にいると、否が応にも自分が〝日本文化〟を背負っていて、周りから期待されているのもそういう日本らしさなのだと痛感しました。表層的に外からかっこいいモノを持ってきても、中々認められないのです。だから私の使命は「外からかっこいいホテルを持って来るのではなく、日本のホテルをどうかっこよくするか」だと思っています。

近畿大学の「固定概念を、ぶっ壊す。」広告

答えのない問題に応えを出すために重要なこと

星野　塩崎さんはステージ4の胃がんを患いながらも克服した、とお聞きしました。

塩崎　毎年必ず健康診断は受けていたのですが、病院長として多忙だったためその年だけ検査を受けなかったんです。そうしたら、もし内視鏡で見ていれば絶対に見逃さないようなところにガンができていたんです。最先端のがん早期診断システムの機器チェックで私自身が実験台となった際に発覚して、自分自身がそういう人を何人も手術してきたので、もう絶望的だということは一目でわかりました。

星野　そこからどう克服されたのでしょうか。

塩崎　最初は、病院の関係者に「なにもしないでいく」と伝えました。しかし検査結果が出そろうまでの1週間のうちに「なにか外科医としてできないか」という思いも出てきました。日によって時間によって考えがころころ変わるのです。今まで医師として即断することを訓練されてきましたが、この時ばかりは期限を決めてじっくり考えることの重要性を知りました。だから患者さんにもすべて説明をして、必ず1週間後にはまた話をし直すようにしています。すぐには答えが出せない重要な問題には、そういうことが大切だというのがわかりました。そこから独自の治療方法を模索して、ガンに打ち勝つことができました。ガンが発覚してから、そろそろ12年になります。星野さんは、応えを出すことで工夫されていることはありますか？

星野　集中できることのみに集中する、ということを意識しています。「答えを出す」ということは多少なりとも負荷がかかるものです。仕事の中には、好きなものと嫌いなものがありますよね。特に嫌いな仕事は、ストレスにもなるし、結局生産性が上がらず効率的ではありません。そのため、自分が嫌いな仕事はそれを得意な人にまかせて、できるだけ好きなことをしようと決めています。たとえば会議なんかも、自分が出なくていい会議は出るのをやめるようにしています。自分が付加価値を与えられるものだけは、参加するようにしているので、楽しいですよ。夜の会食などもほとんどいかないですし、ゴルフもしません。しかも、そうするとほとんど休憩時間がいらなくなるのです。すべてが楽しくて夢中になれるので。逆に、嫌なことをしていると休憩時間が必要なのです。

塩﨑　1日1食とのことですが、仕事に支障はないのですか？

星野　ほとんどないですね。「お腹が減ったな」と思うのは、むしろ何もやることがないときです。何かに集中していて、熱くなる会議ってあるじゃないですか。そうした時は、「お腹が減った」なんてことは完全に忘れていますね。星野家は心筋梗塞家系で、80歳まで生きた人間がいないので、血圧とコレステロールに気をつけるうちに1日1食のスタイルになりました。あくまで私だから合っているのだとは思いますが、お昼も食べなくて済む上、むしろハングリーハイと私が呼ぶ、頭がすっきりとした状態になるのです。ただ、私に同行するアシスタントはきついかもしれません。月の半分は出張で、一緒に行動すると私はお昼を食べないですからね。自分で何かを食べるように工夫しなければならないので、タイミングを見計らうのが難しいと思います。

学ぶ環境は用意するが、学ぶことは自分次第

星野　近大は入学式を盛大に行ったり、「超近大プロジェクト」というキャンパス整備など積極的に行われたりされていますが、その狙いについてお教えいただけますでしょうか。

塩﨑　学ぶ環境を作ってあげることを重視しています。つんく♂さんのプロデュースで話題になった入学式ですが、これは不本意入学生への対策です。不本意入学とは、第一志望ではなく近大に入学することになった学生のことで、中には入学後休みがちになり退学する学生もいます。新入生の3割くらいは不本意入学生なのですが、最初にモチベーションを上げてもらうために試行錯誤を重ね、あのような入学式になりました。他にも親が子供の講義への出席状況を確認できる「保護者用ポータルサイト」を作ったりもしています。もちろん賛否両論あることはわかっていますが、入学式についてのアン

入学式

2015 年度 前期 2015/07/28 を基準に出席率を算出します。 検索

曜日時限	授業コード	科目名	出席率	1回	2回	3回	4回	5回	6回	7回	8回	9回	10回	11回	12回	13回	14回	15回
月1	40111A1984	生涯スポーツ1	0%															
月2	40112B0357	オーラルイングリッシュ2A(キbクラス)	40%						○	○	○		○		○		休	○
月3	40113C1845	モチベーション論	67%		○	○	○	休	○	○	○	○	○			○		
月4	40114C1547	秘書学Ⅰ	73%		○	○	○		○	○	○	○	○		○		○	○
火2	40122C1784	経営学A	27%			○	○		○	○								
火3	40123C1287	情報分析論	53%		×	○	○	×	○	○	○	休	×	○	○	×		
木1	40141C2117	MOS活用/WORD【コンピュータ特修実習A..	67%		○	○			○	○	○	△		○	△		△	△
木2	40142C1591	情報管理論	71%		○	○	○		○	○	○	○		○	○		－	○
木4	40144C1398	商学A	79%		○	○	○		○	○	○	○	○	○	○		－	○
金2	40152B1025	ドイツ語総合3	71%	○	○	×	○	×	○	○	○	×	○	×	○	○	－	○
金3	40153C1451	民法Ⅰ	64%			○	○	○	○	○	○	○	○	○			－	
金4	40154C1841	特殊講義H(組織と人材マネジメントの基..	79%	○		○	○	○	休	○			○	○	○	○	休	－
金5	40155B0195	英語2A(キbクラス)	71%	○		○	○	○	○	○		○	○		○		－	○

○：出席　▽：早退　△：遅刻　×：欠席　－：公欠　休：休講　／：未実施　■：定期試験　■：追試験　■：再試験

保護者用ポータル

ケート結果は非常に素晴らしくて、「近大に来てよかった」という声に溢れています。退学率も2008年度では年間で3・2%だったものが、2015年度では0・9%まで下がっています。実際に「学ぶ」かどうかは学生に任せますが、「学べる」機会はできる限り用意してあげたいのです。

星野　それは非常に共感できます。星野リゾートも社員の能力を上げようとか、社員の能力を高めてもらおうという意志は、会社として持たないようにしているのです。自分の能力を上げたいかどうかは、本人に決めてもらおうと。今の時代は、能力を上げてマネージャーになって総支配人になりたいという人もいれば、最前線で「私はこの接客だけをしていたい」という人もいます。その自由度を許容できる会社になろうと考えています。

塩﨑　いろいろな選択肢を許容できる組織にすることが大事だと思います。ただそうすると給与体系が複雑になると思いますが、どのように決定しているのでしょうか。

星野　顕在化された能力を評価して給与を決めています。この役割をしてもらっているならいくら、という形です。われわれのホテル業の場合、1人の力で売上が上がる・下がるということがほぼないので、結果の成果で給与を決めることは考えていません。また、もし年功序列を採用すると、報酬が上がると能力も上げることが義務になってくるわけです。だから「給料が上がっているのだから、能力も上げてい

新入社員の手形

かないと採算が合わない」という話になってしまいます。もちろん能力を上げる機会は提供しますが、私たちが無理やり集めて研修して、「あなたが来年までにここまでできるようになってもらわないと困ります」というようなことは、できるだけやめるというのが基本的な考え方です。そのほうが長く働いてもらえると思っています。

やりたいことをやっていてもらうことが、仕事を長く続けてもらえるポイントで、それを無理やり「あなたは将来こうあるべきだ」なんて決めてしまうと、窮屈になります。ある程度自分のキャリアは自分で考えられるような自由度を許容できる仕組みを作っています。

塩﨑　ただ「学ぶかどうかは各々に任せる」としたとき、時には冷徹な制度になってしまう可能性があります。そうならないように近大は、「面倒見の良さ」にしっかりと取り組んでいます。過保護すぎるとも言われますが、こうしたウェットな関係をつくることが重要で、一握りでも本当に必要としている学生に応えられるようにしています。たとえば、近大の自習室は24時間空いています。学びたいときに存分に学んでほしいと考えているのです。学歴と学校歴は違うと思っていまして、学校生活で何をどれくらい学んだかが学歴で、これからの時代では本当の意味での「学歴」が大事なのではないでしょうか。

星野　ウェットな関係作りはその通りですね。星野リゾートでは入社式で、「契りの儀式」というものを行っています。各新入社員の手形を取って、入社するとはどういう意味なのかを説明するのです。

社員と経営者の関係について、法律として労働基準法や就業規則はあるけれども、それだけではなく、それを超えて対応すべきことがあると考えています。事件が起こった時に「仲間」として行動できるかどうかが大事なのです。たとえば社員が病気になった時、法律上は2ヶ月経ったら給料を払わなくていいとなっているけれども、本当にそんなことをしたら困りますよね。社員には就業規則を越えたコミットメントを求めています。「手形を押すのならコミットする覚悟を決めてください。そうでないのならこのまま帰ってください。」と言っています。

「点」ではなく、「面」で世の中とつながる

星野　稼ぐ大学と呼ばれていますが、どのような利益構造になっているのでしょうか。

塩﨑　企業の収益に相当する事業活動収入は1356億円(16年度)です。受験料・授業料は4割弱で、寄付金、補助金、収益事業などです。超近大プロジェクトと呼ぶ東大阪キャンパスの整備には、総投資額として500億円程度見込んでいます。どこからも借り入れをすることなく、すべて手元資金でまかなっているのです。

また、研究資金は自前で調達する考えでやってきたため、2015年度の民間企業からの受託研究費受入額は3億4665万2千円で、慶応義塾大学、早稲田大学に次いで全国3位の実績です。豊田通商やサントリーグループなどの大手企業とも一緒に取り組む一方で、東大阪市の松田紙工業という会社と文芸学部の学生がデザインしたダンボールのおもちゃ「ダンボールテント」を開発したり、UHA味覚糖と「ぷっちょ　近大マンゴー」、エースコックと「近大マグロ使用　中骨だしの塩ラーメン」を作ったりと、さまざまな企業と産学連携を積極的に進めています。東大阪という土地を活用して、社長さんに集まってもらってわれわれの研究を知ってもらい、一緒に新しい製品を共同で開発するようになるようにしています。

星野　それはすごいですね。近大の強みはどこにあるのでしょうか。

塩﨑　「実学×総合」というのは近大の強みの一つだと思います。開発やモノづくりだけでなくデザインやネー

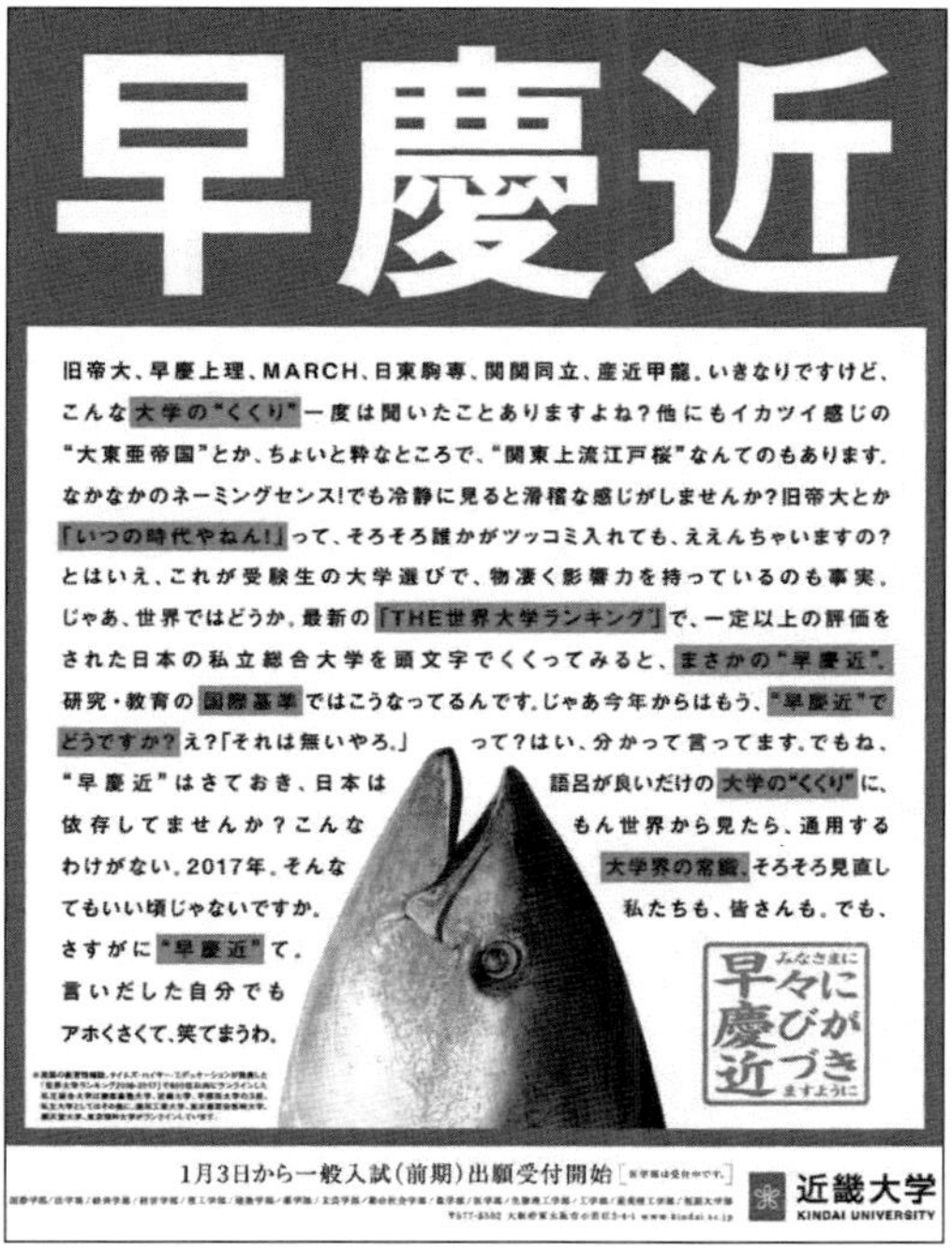

近畿大学の「早慶近」というコピーを使った広告

ミングまで一貫してできる大学はなかなかないのではないでしょうか。近大リエゾンカフェという、産業界と大学が気軽につながれる場所も作っています。一つひとつの学部の「点」だけでなく、それらを連携させて組み合わせた「面」として、世の中と接していることが近大らしさを作っているのだと思います。最近は「総合商社のようですね」などと言われたりもします。

星野　なるほど。観光やサービス業も、総合力というか「面」で世の中と接しなければならない領域です。スタッフ1人1人がお客様とダイレクトに接しますから、そこで重要な情報が入ってくるし、そのスタッフがアルバイトであろうが社員であろうが、マネージャーであろうが、接した瞬間に星野リゾートとしてお客様は評価します。だからこそ最前線のスタッフ一人一人に経営判断を委ねる必要があるのです。そのためにも星野リゾートという組織にコミットしてもらう必要があるのです。

塩﨑　そうですね。どこまで組織にコミットしてもらえるか、これからの時代の課題になってくるのではないでしょうか。

伝わらないと意味がない

星野　近大は、広告も含めPRにおいてかなり攻めていらっしゃるように思います。

塩﨑　学生やその親、さらには関係者が「近大でよかった」と思える環境作りをしていまして、その一つの手段がメディア露出です。まず、世の中とより多くの接点を持てるように発信量を意識しています。実はプレスリリースを年間で450本以上出しているのです。近大は総合大学で、14の学部があり、学生は約3万人以上が在籍しており、情報の宝庫なのです。こうした近大の総合力を、産学連携で活かし、周りと共有することが大事だと思っています。

星野　すごい数のプレスリリースですね。世の中との接点をいかに増やすかを意識されているのですね。

塩﨑　そうですね。他にも教員の研究成果やOBの活躍など近大に関係する記事をまとめたメディア『Kindai Picks』や近大マグロを提供する飲食店「近畿大学水産研究所」の運営など、本当にたくさんのアプローチを行っています。

星野　伝えることと伝わることは異なります。伝わらないと意味がないと考えているのですが、情報発信する上で「どう伝えるか」について意識されていることはありますか？

近畿大学の「早慶近」というコピーを使った広告

塩﨑　近大がメディア露出において、発信量の他に意識していることが、伝える内容です。固定概念というのも造語です。本当は「固定観念」や「既成概念」という言葉が正確なのですが、あえて固定概念という言葉を使っています。いろいろ検討したのですが、現状を打破しようと挑戦している人にとってインパクトがあり、一番共感できる言葉だと思っています。また、広告では、伝えたいことをより目立たせることが、伝わることにつながると考えています。現状の大学の序列への近大の提案として「早慶近」というコピーを使った広告を出しました。「THE　世界大学ランキング」で一定以上の評価をされた日本の私立総合大学を頭文字でくると、早慶近となるのです。批判の声もありますが、近大のメッセージがより多くの人にしっかりと伝わったのではないでしょうか。

星野　私は「これからの100年は、旅産業が平和維持産業となり、世界の人たちを友人として結んでいく。国と国が平和を維持する力になっていく。」と言っています。大げさに聞こえるかもしれませんが、それくらいの気概であることを発信することが大事だと考えています。以前は、「日本の観光をやばくする。」と言っていました。しっかりとした言葉で伝えていたのですが、若手社員が「それではよくわからない」というので、やばいという表現にしたのです。どう伝えると伝わるのかは常に考える必要がありますね。

社内を巻き込むことが、世の中を巻き込むことにつながる

塩﨑　星野リゾートも全国に旅館やホテルがあると思いますが、「らしさ」を維持するために工夫されていることはありますか？

星野　施設毎にスポーツクラブなどは実施していますが、全社的な施策として、星野リゾートを盛り上げていこうというイベントはしていません。

ただ、経営に関する情報共有はしっかりとしています。産業の中でも観光やサービス業は特殊だと思っています。スタッフ一人一人がお客様とダイレクトに接するので、スタッフ自身がブランドイメージを作っていく大きな要素なのです。そしてだからこそスタッフが、ある意味経営者のように自分で意思決定しなければならない場面が出てきます。

そのため、経営者が判断する体制を整えるよりも、最前線のスタッフが自分で判断する体制を整えることが、臨機応変の良いサービスにつながると考えています。自分で考えて、「自分でこれはやるべきなのか、やるべきじゃないのか」、「やるべき時にはどのくらいお金をかけてやるべきなのか」ということを瞬時に判断してもらえるようにしたいと思っています。

塩﨑　なるほど。病院でも、受付の人の態度が悪いなどの理由で、患者さんが「もう行きたくない」となってしまうことがあります。その先には本当に良い医者がいるのに。組織の一人一人が「らしさ」を作っていくのですよね。星野リゾートでは、どのように情報共有するようにしているのでしょうか。

星野　顧客満足調査から収益の情報まで、スタッフが自分の端末でわかるようになっています。ゴールデンウィークが終わって1カ月経つと、ゴールデンウィーク期間中の満足度が自分の端末で把握できますし、4月の収益も把握できます。情報量に差があって議論すると、議論にならないじゃないですか。「実はこうなんだぞ」と初めて言われても、社員は困ってしまいます。なので、正しい議論をするために、私たち本当の経営陣と最前線のスタッフが経営情報の情報量のレベルを合わせようとしています。

塩﨑　経営情報をすべてのスタッフに公開をしてしまうというのは、かなりユニークですね。

星野　そこが星野リゾートの特徴だと思います。言いたいことを、言いたい人に、言いたいときに言えるような会社にしていこうと思っています。メールの発信も部門間を越えて自由にさせています。情報の流れになんらルールを持たないようにしているので、他の会社から来た人にとっては一瞬カオスな状況になっているんですけれど、慣れると非常に心地いいんですよね。変な気遣いをしなくていいですから。結果的には社員一人一人に経営マインドを持ってもらうことにプラスになっていますし、それが結果的にいいチームを作ることに貢献していると思います。近大では組織内での情報共有という点ではどのようなことをされているのでしょうか？

塩﨑　私はとにかく「会う」ことを大事にしています。近大は、北海道から奄美大島まで施設があるので、情報が各施設に溜まってしまいやすいです。かつては総合大学という利点が十分に活かせていないと感じていました。そこで、毎月1回、全国の学部長を集めて昼食会を開いています。それぞれに1000円ずつ出してもらって、昼食を食べながらざっくばらんに好きに話してもらう機会を設けているのです。昼食会の後は、研究のテーマごとに、理系の人が集まったり、理系と文系が集まったりするようになり、オール近大としてまとまってきたと思います。

あとは、卒業生と在学生とをつなぐイベントとして「近大サミット」を始めました。近大卒の社長を中心とするボードメンバーがさまざまなセッションを行い、在学生も参加して交流します。近大の卒業生は50万人以上いるのです。学長になった当時は「自分も卒業生なんです」と最初は誰も言ってきてくれなかったですが、今では「私もなんです」と言ってくれる方が多くなり嬉しいです。

大阪という面白い土地を再び活かす

塩﨑　星野リゾートが大阪市に進出するということで、特に関西では話題になりました。新今宮駅前にホテルを開業する狙いを教えていただけますでしょうか。

星野　正直なところ、土地を取得しただけの段階なのに、あんなに盛り上がるとは思わなかったです。2022年に開業する予定なのですが、皆さんから「ついに星野リゾートが！」という期待と「なぜあの土地に？」という疑問が入り混じった声をいただいています。
私たちは、新今宮駅前の地域は本来の価値よりも低く見積もられていると感じています。空港や大阪駅へのアクセスを考えると観光客にとって最高の場所なのに、歴史的な背景から悪いイメージが先行しているのではないでしょうか。

塩﨑　動物園などもあり、非常によい土地ですよね。

星野　ビジネス客にとっては梅田がいい場所ですが、観光客にとっては、大阪〝らしい〟場所こそ求められているのです。新世界に訪れた際に、あの独特の雰囲気に、非常にわくわくして旅の醍醐味を味わいました。
私もアメリカに留学したからこそ日本の旅館・ホテルの良さに気づけました。ヨソモノであるわれわれだからこそできることがあると思っています。

塩﨑　近大も、２０２０年の完成を目指し、「超近大プロジェクト」として東大阪キャンパスの大規模整備を行っております。日本屈指の教育・研究環境を誇るキャンパスになる予定です。一緒に関西を盛り上げていけたらと思います。

塩﨑 均

しおざき・ひとし

近畿大学学長。医師。1944年生まれ。和歌山県出身。70年、大阪大学医学部卒業。78年、西ドイツ・ハイデルベルク大学に留学後、大阪大学第二外科助教授、近畿大学医学部第一外科教授、同大学医学部附属病院長、近畿大学医学部長などを務めたのち、近畿大学学長に就任。専門分野は上部消化管外科学。

×

星野佳路

ほしの・よしはる

星野リゾート代表。1960年生まれ。慶應義塾大学卒業。米国コーネル大学ホテル経営大学院で経営学修士号を取得。91年、家業である老舗旅館「星野温泉旅館」の4代目社長に就任。日本の観光業が変革期を迎えていることを見通し、施設所有にこだわらない運営特化戦略を進める。95年に社名を星野リゾートに変更。

6

“伝える”技術
―妻とか一番伝わらない（笑）―

3度オリンピックに出場し、
スプリント種目の世界大会で
日本人初のメダリストとなった為末大氏。
現在はコメンテーターやタレントとして活躍する一方、
企業家としての顔も持つ。
そんな走る哲学者と呼ばれた為末氏に、
「伝える」技術についてお聞きした。

「伝える」から「伝わる」へのシフト

為末 大

Deportare Partners 代表

藪崎　本日はよろしくお願いします。早速なのですが、ロボットやＡＩなどが発展してくる中で、今後アスリートと呼ばれる人たちが、世の中に伝える価値は何だと考えていますか？

為末　人間の本質的な「美しさ」と「愚かさ」ではないでしょうか。それらを体現して「人間らしさ」を共感させてくれるところだと思います。人類史の話になるのですが、人類が何に適応したのかという問いがあります。魚は水に適応して、ライオンはサバンナで効率よく獲物を取ることに適応して、牛は草を食べて生きていくことに適応して、みんなそれぞれ特定の環境に適応しています。人類って、あたりまえですが、サバンナだと足は遅いんです。木は登れないし、あらゆる動物より弱い。そんな人類は「置かれるすべての環境に適応した」ので、つまり可塑化が最大の特長だと思います。

藪崎　可塑、つまり柔らかく形を変えやすいということですね。

為末　そうです。アメリカで育つと英語をしゃべるし、日本だと日本語をしゃべる。なんなら胃で消化できないものは炙って柔らかくしてしまうみたいなことをやり始めたりします。人類の一番すごいところって、「それなりに何かに対応できる」ということだと思います。他の生き物やＡＩ、ロボットなどすべてのモノは、特定の目的に向かっているんですが、人類だけは目的がない状態で存在していて、目的を見つけたときに自分をそれに最適化していけるのです。

藪崎　環境の変化に最も適応できるからこそ人類がこれほどの繁栄をしているのでしょうね。

為末　実は１９００年くらいのオリンピックでは、どの種目選手もほとんど体形が一緒なのです。レスリングも円盤投げも水泳も。でも今では、１５０㎝の新体操選手や２ｍを超えるレスリング選手等、いろんなものに最適化した人類の追求の結晶を見ることができます。さらに面白いのは、そこまで体の最適化はできたんだけど、最後の最後に心の問題でうまくいかず失敗する人もいて、人間の本質的な「美しさ」と「愚かさ」を最も体現しているのではないでしょうか。

スポーツは、競技者も見る側もすべての人が楽しむためにあると思っています。見る側も、競技者の極限の〝人間らしさ〟に何らか自分との共通点を見つけて共感して、悔しがっている人に対して面白さや悔しさを感じたり、喜んでいる人に面白さを感じたり、勝負でドキドキするわけで、そのあたりが最も人間らしい領域なんじゃないかっていう気がします。

「伝える」から「伝わる」へとシフトさせる技術

薮崎　「伝える」ために工夫されていたことはありますか？

為末　僕たちアスリートの「伝える」って、結局のところ「誰が言うか」ということが大きくて、アスリートが「僕が言うんです」というのを全面に出しがちな世界だと思います。たとえば、一流のプレイヤーが言うことはなんでも正解みたいなところがあるじゃないですか。結果がすべての世界なので当然ではありつつ、一方でそこだけに頼っているといずれ目減りしていくのです。

薮崎　目減りするとはどういうことでしょう？

為末　アスリートが言っていることとしてのバリューですね。現役時代は勝ち続けることが価値の証明になっていますが、引退すると「誰が言ったか」に依存した説得力はいずれなくなってしまいます。特に解説等は、自分の内省的な思いではなく、抽象化して全体を砕いて示す、ということが必要になってきます。伝えることから伝わることを意識しなければなりません。

薮崎　自分はこう思う、ではなくより客観的、普遍的な意見が求められるのですね。

為末　たとえば「ハードルってなんでしょうか、何が重要なんですか」と競技を知らない人に問われた時に、まるでシェフみたいに、限られた情報を組み合わせて答えを作る必要があります。僕は比較的本を読んでいる方だとは思うので語彙量はある方だと思うので、そのあたりは引退してからも役に立っていますね。後はブリッジングと言うのですが「あることとあることを合わせて言うとつまりこういうことです」という、単語で括れるかどうかというのは、伝わるために重要なことです。

薮崎　メディアで話したことってそのままちゃんと伝わるものでしょうか？ニュアンスがちょっと違って伝わったりすることはありますか？

為末　僕は遠くの人へは比較的伝わっていると感じています。と言うよりも、そこまで気にならないと言う方が合っているかもしれないですね。どちらかと言うと、遠くの人より近くの人のほうが伝わらないと感じることが多いです。妻とか一番伝わらない（笑）

薮崎　確かにそうですね。私も「こういう企画やろうよ」と言ったときに、実はみんな解釈が違っている、ということはよくあります。特に私が感じるのが、意外と日本人は日本語をきちんと使えていないということです。みんな母国語なので自分はあたりまえに使えていると感じているけれど、議論したりメールを読んだりすると、案外正確に使えている人は少ないなと感じます。

為末　そうですね。普段ならなんとなく雰囲気で伝われば問題ないですが、議論や文章にするときちんと整理し、正確な表現を使わないと、後々一人一人の認識がずれていたということは起こってしまいますよね。僕は、言葉でとにかく考えがちな人間なので、しゃべるよりも文章を書く方が好きですね。書くのは、後々編集もできますし。

これからの時代、SNSやブログなどでの発信は必須なのか

薮崎　ＳＮＳやブログで個人が発信する時代になりました。為末さんは情報発信を積極的にされていますが、情報発信する人としない人がきっぱりわかれています。個人、特に経営者やビジネスマンの情報発信をどのように考えていますか？

為末　発信すべきかどうかでいくと、僕は「正直よく分からないなぁ」と思っています。たとえば村上春樹さんっ

てソーシャルメディアでは発信していないですけれど、世界的な影響力がありますよね。自分が何かをしようとした時に、自分の代わりにメディアが反応して動いてくれる状態であれば、無理に自分からSNSを使わなくてもいいような気がしています。逆にそれができない状態だと、自分から発信した方がいいのではないでしょうか。僕の場合は、40万人ぐらいとつながるツイッターやブログというパイプがあるので、その読者を期待して出版社などが「為末さん、本作りませんか」という話が来たりします。

薮崎 世の中に向けてなにかを仕掛けたいと考える人にとって、提言力というか、どう影響力を持つ状態にできるかは重要ですよね。

為末 そうですね。特に経営者は、なんらかの方法で定期的に発信せざるを得ないですよね。「この状況だとあの人ならこう言いそうだ」というのが多くの人に浮かぶようになっている状態を作れれば、なにか仕掛ける際にスムーズにいけると思います。ただその手法が、テレビなのかコラムでいくのか、村上春樹さんみたいに本なのか、選択肢はたくさんあると思うのですが、何らかの形で影響力を発揮していくということが、重要だと思います。

薮崎 企業も個人もいかに「らしさ」、言うなれば「人格」をどう世の中に知ってもらうかが重要だと思います。ただそれこそ継続的に発信することが大事で、発信する手法は自分にあったものを選ばなければならないと、結局続かないということになります。

為末 向き不向きはあると思います。選手でもSNSやブログを始めたのはいいけれど、すぐに更新しなくなる人もいるんですよね。自分で文字を書く等は結構しんどくなることもあるので、どういう媒体で発信するかは、選択する必要があります。

薮崎 為末さんはブログやSNSでの発信をされていますが、炎上にはどのように対応されていますか?

為末 僕は結構炎上することがあります。反応すればするほど燃えてしまいます。だからすっと引いて静観していると、反応は鈍くなってくるんです。それはだいぶ学びましたね。一生懸命「この人にわかってもらおう」と思うのは間違いで、静観して一週間か二週間くらい経つと、みんなもう新しいことに興味が移っています。まあ、そんなものじゃないですか、世の中って。

薮崎　ＳＮＳやブログを活用する場合、経営者や社員など組織に属する者としての発信なのか、一個人としての発信なのかという問題があり、躊躇されている方も多いと思います。

為末　そうですよね。うちの会社の悩みがまさにそれで、今は僕の個人事務所というような見え方になっています。ただ、やはり為末の会社ではなく、株式会社Deportare Partnersとしてやっていきたいという思いはあるんですが、どうしても僕の色が強すぎてうまく切り離せていないのです。今後の課題として、そこは感じていますね。

夢や希望という言葉が使われ始めたのは、ここ200年くらいの話

薮崎　三日坊主なんて言葉がありますが、タメになる話を聞いて「よし！　やろう！」と思っても、多くの人はすぐにやめてしまいますよね。アスリートの方は、昨日よりも少しでもよくなるよう努力をし続けている方々だと思います。そのご経験から、変化し続けるための秘訣をお教えいただけますか？

為末　「なぜ変われないか」ということで言うと、石川善樹さんがおっしゃっていたのですが、１８００年代くらいまで「努力」や「夢」という言葉ってあまり出てこないんです

薮崎　それはどうしてでしょうか。

為末　人間は生まれてから死ぬまで、ほとんど「変化」を体験してこなかったそうなんですね。ある村で村人として生まれたら、その村でずっと変わらない環境のまま過ごして、一生を終えていました。それが科学や文明が発展することで、最近やっと寿命も延びて人口の流動化もあり、一個人が体験する世界がとてつもなく広がったのです。だからそう考えると、「頑張るとなにか変わる」というのは、結構最近のアイデアで、そういう意味で

はここにきて急に変わらなきゃいけなくなってきたのです。人類の歴史は数万年ありますけれど、最後の100、200年になって、いきなり「夢を持って目標立てて変わっていきましょう」というアイデアが出てきて、少なくとも市民レベルではそれに対してみんながびっくりしている、みたいな状況だと思います。

薮崎 前回、人間の特長として「環境への適応力が高い」ということをおっしゃっていましたが、身体的な面では適応力はあるけれども、心理面ではそういう適応力がまだないということでしょうか。

為末 適応は環境に馴染むことなので、置かれた環境に馴染むだけならできると思うのですが、自ら目標を立て社会自体を前に進めよう、つまり環境自体を変えていこうというのが今だと思うんですね。なので、一部の適応した人々が社会的に成功して、「みんな変われ」って言うのですが、基本的に人は、昨日と同じように生きていくようにできているので、そう簡単には変われないのかなと思います。

薮崎 さらにITによって、劇的に変わってきていますよね。中国や諸外国ではキャッシュレス化が急速に進んでいるし、日本でも評価経済を象徴するようなサービスが生まれています。

為末 なので、「変化しろ」と強く言っても仕方ないことはわかりつつ、もう世の中がそうなってしまっていて、無理矢理にでも変化していかないとすぐに取り残されてしまうので、「なんだか切ないなぁ」という気持ちが結構強いです。

ビジネスの世界はもっと〝プロ〟化していく

薮崎 アスリートを経て経営もされていらっしゃいますが、どちらの世界も経験されて、なにか違いは感じられましたでしょうか。

為末 一番は、われわれアスリートはプロの世界なので、パフォーマンスが低いとチームから追い出される、つまりクビになるんです。でも、日本の会社って簡単にチームの入れ替えができないじゃないですか。まずその前提条件の違いが最も大きいと思います。僕は、アメリカで生まれたナイキと契約していたのですが、選手は結果を出さないとズバズバ切られていましたから。

ただ、おそらく今後、グローバル化によりビジネス分野も入れ替えが行われる時代になって、プロっぽくなると思います。環境変化が激しいってことは、スポーツの世界で言えばやっていることがバスケからサッカーに変わるぐらいのことが出てくるはずなので、その都度メンバーを入れ替えないと戦えないと思うんですね。だから僕は、別に無理に変わらなくてもいいと思うんですね。ある層からは、そのかわり成果を上げられないとどうしても追い出される入れ替え制に今後はなるだろうと思います。

薮崎　なるほど。日本のビジネスの世界は、純粋な成果主義、つまりクビがあるプロの世界になっていないということですね。

為末　そうです。そして、別に会社は社員に成長を求めなくてもよくて、今出せるパフォーマンスによって評価して給料が決まるようにすればいいのではないかと思います。で、自己成長も自由でどうぞと。うちの会社も副業も自由だし、出勤もほとんど縛りがないのですが、みんな一生懸命やってくれています。ただ今後はサボる人も出てくるかもしれないですが、それはそのアウトプットで評価するだけということになっていくんでしょうね。

変化するのは疲れる

薮崎　よく聞く話ですが、急成長しているベンチャーへ、大企業から「変化」を求めて入ってきた人が、結局へとへとに疲れてやめてしまうと。変わることは可能だけど、それにはすごくエネルギーが必要なんだろうなと思います。

為末　変化するのは疲れますからね。壁にぶつかっていろいろ不満を感じる場合、思い込みとかで自分で自分を縛ってしまっていることも多くて、ちょっとした成功体験とか「こうすればこうなんじゃないかと思う瞬間、つまり変化の兆しさえあれば、突破できるものだったりもします。ただ、変化に適応していくということ以外に、自分に合う場所を選んでいくという選択肢もあるので、自分が変化に対してどういうタイプなのかを一度考えてみるといいですよね。

薮崎 私は、変わらないことが怖すぎていろいろ変えたがるタイプなのですが、人によって変化への受容度はまったく異なると感じます。そこを理解しておかないとお互いに疲弊する場面ってありますね。

為末 選手にコーチングするときに、はたから見ると「あ、こいつ、こうやると絶対よくなるのに」っていうことが明らかにわかっているのに、本人だけが頑なに抵抗するっていうことが結構あるんですよ。

薮崎 結果がほしいのであれば、まずはそれに向けてあらゆることを試してみるべきなんですけどね。その人は愚痴を聞いてほしいのか、本気でアドバイスがほしいのかをきちんと認識していないと、「いろいろ理由をつけて結局やらないのか」と不満だけが溜まってしまいます。

為末 自分にとって一番重要なものはなにかということは、はっきりさせないといけないですよね。タイムを縮めたい、ということが一番重要なら自分のこだわりを捨ててでも、一度はアドバイス通りにやってみるべきでしょう。そう考えると、人が変わっていくのに、「素直さ」って重要なんですよね。

薮崎 あと、変化しようとすると、やってもやっても、うまくいかないときがありますよね。そうしたとき、あきらめたくなる瞬間を超え続ける、「やり続ける力」が必要だと感じます。ただ、多くの人は、やり続けるためには高いモチベーションとか野心が必要だと捉えているように感じるのですが、それに対して違和感がありま す。私は、しんどいけれどもそんなに無理している感じではないので。

為末 心理学で面白い実験があるのですが、けん玉のような難しいタスクをやっていると、あきらめる人間と続ける人間に分かれるんです。その一番の違いは何かと言うと「リアクションが大きいこと」なんです。あきらめる人は、失敗した時のリアクションが大きいそうです。失敗した時に「あそこはああやっておけばよかったんだ」

ということに興味がいく人と、失敗した、負けたということをどーんと受け止めてしまう人に分かれるのではないでしょうか。そしておそらく後者の人は、何回かパンチをくらうとモチベーションが下がって、前者の人は「次はこうやればいいんだ」「今度これつぶせばいいんだ」とアイデアがどんどん浮かんで、変な話、元気になっていくのだと思います。

為末　その通りだと思います。改善すること自体が楽しいんですよね。

薮崎　「たぶんこうやるといいだろう」とか「たぶんこういうことじゃないか」と、仮説を立てて、それを検証していくこと自体を楽しめることが必要なんだと思います。

〝普通〟を認識するには、それまでの〝普通〟を壊す体験が必要

薮崎　私自身も含めてですが、世の中みんな、自分が普通の感覚を持っている常識人だと思っていて、一方で相手のことを「変わっているな」と思っていると感じます。〝普通〟を理解する力は、世の中の共感を得るために今後ますます必要になると思いますが、どうすれば鍛えられるでしょうか？」

為末　〝普通〟が壊れる体験をすることが大事な気がしますね。現役の時の話で、当初は自分のことをけっこう社交的だと思っていたんですが、アメリカのチームに入ったときに、まあ英語の問題もあったんですが、周りに比べて全然社交的じゃないことに気づかされたことがありました。その時に思ったのが、多くの人は「人生で出会ってきた人の平均値」のことを「普通」だと認識していて、そこから「自分はどっちにずれているか」というので自分を説明しているなと。だから「自分らしさ」は案外あやしいものだな、って思ったことがあったんですよ。それからたくさんの人に会って、「自分はどの辺に位置するんだろう」って考えるようになりました。会う人が変わると「自分らしさ」も変化するということは非常に面白いなと。

薮崎　〝普通〟は相対的・客観的な尺度が必要なのでしょうね。その普通を理解した上で、自分らしさがわかる

ということですね。

為末 そうです。人間が意思決定する時のかなりの部分が、環境依存、つまり周りに影響されていると思います。僕は、自分が今いる場所によって自分の思考が染まるので、場所をいろいろ変えるとかを意識してやるようにしています。そうすることで、自分の中の〝普通〟への偏りをなくしつつ、自分らしさをより把握できるのだと思います。

薮崎 あえて外の世界に出てみようとしない限り、今の周囲の環境が自分の全ての基準になってしまいますよね。

為末 たとえば、歩き方って、アメリカで育つと、両親とも日本人でも、歩行がアメリカ人に寄るんですね。だから歩き方すら無意識に環境に依存しているんです。

薮崎 日本とアメリカで、歩き方はどう違うんですか?

為末 アジア人は比較的まっすぐ歩くんですが、アメリカ人の歩き方って左右に揺れるんです。話す言葉も、東京にきて初めて「これって方言なんだ」と気づくこともありますよね。こういう無意識で学んだ〝普通〟の層がいくつかあって、自分を構成しているという気がしています。

普通とのズレは、自分らしさかそれとも見栄か

薮崎 アスリートの方が引退して、プロの時の感覚のままで事業をやって、うまくいかなくなるということもあるのでしょうか?

為末 ありますね。まあ典型的なのは「何か事業をやろう」となったときに、椅子選びなんかでも「レザーのほうがかっこいいだろ」、場所も「一等地で」みたいな感じで、普段の自分の感覚のまま進めて、コストが積みあがっていくという感じですかね。自分のアイデンティティと、行う事業が重なりすぎちゃうんですよね。「さす

が、〇〇さん！　こんな事業やってカッコイイ」と言われることを期待しているので、世の中が期待している〝普通〟とはズレていることが多いですね。そのズレが、強みとなる自分らしさなのか見栄なのかはきちんとわかっておかないと、アスリートのセカンドキャリアは難しいですね。

藪崎　なるほど。特にアスリートやプロフェッショナルの方だと、ある種、演じなければならない場面も多いのでしょうね。

為末　そうですね。メディアに出る時など、現役時代は一番そういうことが多かった気がします。生活コストがすごく高くなるんですよ。あまり安い家には住めないとか、車もちゃんと乗っていなきゃいけないとか、電車に乗れないとか、いろいろ重なっていって、僕もやっぱり現役時代すごくコストが高かったです。

藪崎　経営者でも多いですね。自ら虚像を作ってしまって、言い方は悪いですけれど「社長ごっこ」になってしまって、周りもそれに憧れて神話化してしまって、抜け出せなくなってしまう。それだと事業が伸びている時はいいのですが、成長が止まったときに厳しくなるんですよね。

為末　生物の進化って面白くて、ツノやキバを生やしたりするんですが、9割くらいは強そうに〝見える〟ように進化するんです。だから実際に戦うとキバが折れちゃうとか、ヘビの模様がついているんだけど実際は蝶々、というのが多いんです。だからある程度「見栄」というのは敵がいる競争社会においては必要なことですが、味方を作っていくことが求められるこれからの社会にどこまで必要かは疑問ですね。

環境を変えるときは、期待値を下げておくことが大事

藪崎　アスリートの方にとって、30歳代で引退するとしたら、その先50年以上をどうするかは非常に重要だと思います。アスリートの方が、セカンドキャリアを歩む上で大切なことは何でしょうか？

為末　自分の中の期待値が下がっているというのが大きいなって思います。僕、ウォーレン・バフェットのパー

トナーのチャーリー・マンガーが好きなんですけれど、その人の逸話で面白いと思ったのが「自分の妻の、前の夫に感謝している」と話したことがあって、なぜかというと、その前夫のおかげで、夫というものへの妻の期待値を下げてくれたので、マンガーとの結婚生活をハッピーに感じてくれる、と。なんか本質的だなぁ、と思いました。「期待値を下げる」というのは、セカンドキャリアの本質で、自分の期待値をガーンと下げておいて、再スタートするというのがいいと思います。

藪崎　為末さんも、アスリートを引退して今に至るまでには、やはりセカンドキャリアの壁があったのでしょうか？

為末　僕の場合は、引退した時に知名度もけっこう落ちて、収入もなくなっていた状態だったのは、今考えると運がよかったなと思います。これから年収350万円で生きていこう、というところからスタートだったので、見栄みたいなものを持つのが馬鹿らしくなりましたから。そうは言っても、もちろん心理的な抵抗はあったりしました。やっぱり引退して最初の1年って「為末さんもシケたな」みたいな声もあるんです。スポーツ選手の場合は、急に年収が10分の1以下になったりする人もいるので、全然違う世界に入っていくことへの心理的な抵抗はすごいと思います。

藪崎　大手企業からベンチャーへの転職など、環境をがらっと変えるのは、アスリートの方のセカンドキャリアと同じような壁があると感じます。新しいスキルを身につける時に、一度しゃがめる余裕がないと厳しいですね。給料や企業の知名度の問題もありますが、家族ブロックというのも大きいと思います。

為末　そうですね。僕の妻は、収入などへの期待値は高くなかったのでセカンドキャリアへの挑戦はやりやすかったと思います。スポーツ選手は、現役時代の生活レベルを維持しなければならない家族を持つと、ハッピーになりにくいかもしれないですね(笑)

藪崎　自分の生活において、どこまでなら水準を下げられるかを知っておくことは大事ですね。特に東京は生活コストが高すぎて、しゃがめない人が多いなと思います

為末　確かに、僕は自分の人生をここまで圧縮できるとわかってから、だいぶ恐怖感がなくなった感じがしましたね。

薮崎　スポーツに関わるビジネスは今後もされていくと思いますが、２０２０年のオリンピックイヤーに向けてどのような事業を考えていらっしゃいますか？

為末　２００５年に株式会社を立ち上げたのですが、今はシェアオフィスにけっこうたくさんのスポーツベンチャーが集まってきています。スポーツの観戦型アプリを作っていたり、スマートシューズを作っていたりとさまざまです。僕自身はまだまだ試行錯誤中ですが、投資と育成を備えた、スポーツベンチャーに特化したシェアオフィス事業をやったりできないかなと思っています。あとは、人間の動きや心理データが好きなので、そういったものに触れる事業ができたらいいですね。

為末 大

ためすえ・だい

スプリント種目の世界大会で日本人として初のメダル獲得者。男子400メートルハードルの日本記録保持者(2019年4月現在)。現在はSports × technologyに関するプロジェクトを行うDeportare Partners(デポルターレ・パートナーズ)の代表を務める。新豊洲Brilliaランニングスタジアム館長。主な著作に『走る哲学』(扶桑社新書)、『諦める力』(プレジデント社)など。

7

飛べなかったHAKUTO。月への挑戦はどうなるのか

月面探査を目指すispace。
2017年12月に100億円超の資本調達を行った一方、
2018年1月には打ち上げが間に合わないという理由で
グーグルがスポンサーする月面探査レース
「Google Lunar XPRIZE」でのミッション達成が困難と
発表するなど、とにかく話題になっている。
今回は代表取締役の袴田武史氏に、
今メディアで取り上げられていることの状況と、
今後の展望についてお聞きした。

七転び八起きの宇宙事業

袴田武史

株式会社ispace代表取締役&ファウンダー

薮崎　昨年12月の大型調達のニュースの後すぐ、２０１８年1月に、3月までのＨＡＫＵＴＯは打ち上げができないというニュースを拝見しました。現状どのようなことになっているのかについてお聞きできればと思います。

袴田　われわれは月面探査のために、ＨＡＫＵＴＯっていうプロジェクトチームを作って、グーグルがスポンサーをする「Google Lunar XPRIZE」に参加しています。その打ち上げが、当初3月のレースの期限までに打ち上げる予定だったのですけれども、それが少しスケジュールがずれそうだということがわかって、そのことを発表したんですね。その発表をするきっかけとなったのがインドのメディアの英語記事で「チームインダスもＨＡＫＵＴＯも、Google Lunar XPRIZEから脱退する」というものでした。

着陸船イメージ

薮崎　チームインダスは、ＨＡＫＵＴＯと一緒にミッションを行おうとしていた、Google Lunar XPRIZEに参加しているチームですよね。チームインダスから連絡があったのではなくて、その記事で知ったのですか?

袴田　リークの記事のようで、もちろんわれわれも認知していませんでしたし、チームインダス側も公式に発表したわけではありません。内部者によるものかどうかわかりませんが、3月の打ち上げができないという話が突然出て、こちらも緊急で対応しなければいけないと記者発表を行いました。

薮崎　打ち上げる予定だったロケットは、チームインダスのものなのでしょうか？

袴田 チームインダスが契約しているインドの宇宙機関が、開発しているロケットなんです。そのロケットに乗るチームインダスの着陸船に、相乗りさせてもらおうと考えていました。

薮崎 そのロケットが打ち上げられなくなった、ということですか？

袴田 打ち上げられなくなったわけではないのですけれども、打ち上げる時期の決定が難航していて。当初予定していた3月のミッションを実現できるようなタイミングで打ち上げるのが、少し厳しそうだという状況なのです。

薮崎 現状の記事だとチームインダス自体がもう活動を続けられない、というような風潮になっていたと思います。チームインダス自体も、まだ継続しているのですか？

袴田 はい、チームインダスも継続しています。最初、記事では「ほんとにもうこれで全部終了です」みたいな書き方をされていましたが、それは事実とは違います。われわれとしてもチームインダスとしても、これだけの長い時間をかけてチャレンジしてきているので、ちょっとやそっとのことでやめることはありません。ちゃんと実現できる道を探しています。

薮崎 Google Lunar XPRIZEが期限通りにレースを終了することを発表しましたが、主催者側は延期という選択を取らなかったんですね。

袴田 われわれもGoogle Lunar XPRIZE側にレースの延期を要請をしていたのですが、何回も延期を重ねてきたことから主催者側にとって新たな延期という判断が難しかったのではないのかなと推測しています。

薮崎 Google Lunar XPRIZE側としても、ＨＡＫＵＴＯが最有力候補だったのかもしれないですね。ちなみにもしレースが続いていたとして、ロケットについて、チームインダス以外の選択肢はあったのでしょうか？

袴田 3月中に飛ぶとなると、インド以外の選択肢というのは不可能です。というのもわれわれのローバーは、インドの着陸船に乗れるようにカスタマイズしてあるのです。そのため、他の着陸船に乗ろうとすると仕様を変

ローバーのイメージ

更しなきゃいけなくなるのです。
薮崎　それは大きさが、ということですか？
袴田　大きさは大きく変わらないと思います。着陸船との結合部分ですとか、インターフェースとかが変わってきてしまうので、それに伴ってまた開発が必要になります。そうすると、そんなに短い時間では開発はできないので。基本的には不可能だと考えています。もちろん長期的に見ると、他のロケットも視野に入れていますが、まず直近の打ち上げとしてはチームインダスと組むことが今でも現実的だと思います。また他のチームも打ち上げが間に合っていないという現状を考慮すると、チームインダス以外のチームと相乗りをしていたとしても結果は同じだったと考えています。

打ち上げにかかる費用は、1kgグロムあたり1億数千万円

薮崎　組んでいるチームインダスは、どのようなチームなのでしょうか？
袴田　大きな仕組みとしては、ロケットで着陸船を打

ち上げるんですね。で、その打ち上げるロケットをインド政府が開発していて、その中に乗る着陸船をチームインダスという民間チームが作っているのです。

薮崎 着陸船のなかに、HAKUTOのローバーが相乗りするということですよね？

袴田 そうですね。チームインダスの着陸船の中に、HAKUTOのローバーも載せて、ロケットで飛ばします。

薮崎 そもそもの話なのですが、Google Lunar XPRIZEにおいてはライバルなのに、チームインダス側はどうしてOKしてくれたのですか？

袴田 これはすごく面白いところで、Google Lunar XPRIZEは、もちろんレースなのですけれど、みんながある意味、挑戦者仲間みたいなところがあります。もちろん誰かが優勝することが重要なのですが。あとは現実的なことを言うと、われわれも相乗りのために費用を払うので、彼らとしてもビジネスとして成立しているのです。

薮崎 打ち上げだけでも相当な金額になるのでしょうね。

袴田 着陸船やロケットのコストもすべて含めて、打ち上げから月面まで届けてくれる輸送費は、1kgあたり1億数千万円くらいかかります（アメリカの月輸送事業を行う民間企業。チームインダスとの打ち上げ費用は非公開）。ロケットで軌道まで打ち上げるだけだったら、1kgあたり百万円とか二百万円とかなのですが。やはり燃料費がすごくかかるので少なくてもそれくらいの金額にはなってきてしまうのです。

薮崎 今回は一度月に行ったローバーは、地球には戻ってこないんですよね？

袴田 そうですね。月面に置きっぱなしです。将来人間が行くようになれば、これを持って帰ってきてくれるかもしれません（笑）

調達資金約100億円の使いみち

薮崎 約100億円を2017年の年末に資金調達していましたが、どのような使い方をされるのでしょうか。

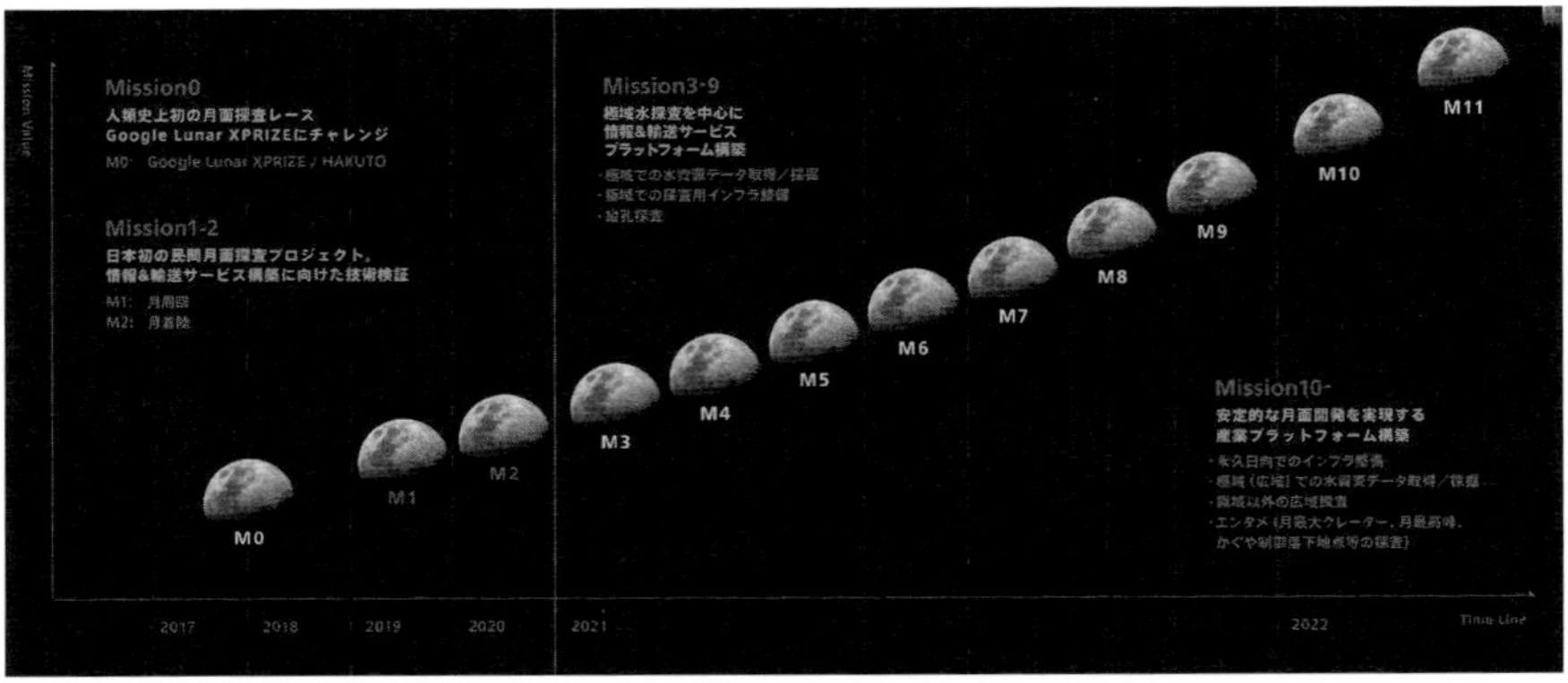

月へのロードマップ。

袴田　ＨＡＫＵＴＯのチャレンジとは別で、今後の事業化のために約１００億円を集めました。産業革新機構や日本政策投資銀行、民間企業などから支援いただいています。その資金を使って、われわれは今後着陸船を開発していこうと考えています。ＨＡＫＵＴＯはインドの着陸船に頼っていますが、今後月の周りで事業していこうとすると、月面に輸送するというニーズがあるので、それをわれわれでコントロールできるように作っていきたいのです。さらにその先に、「月での資源開発」ということまで見据えています。

薮崎　それでは打ち上げまではやらないということですね。

袴田　そうですね、やらないです。ロケットは一桁また金額が変わってきます。もちろんインドも候補には入っていますが、商業的に圧倒的に打ち上げが成功しているのが、ヨーロッパかロシアかスペースエックスなどで、その中で検討したいと考えています。日本もあるにはあるのですが、高いので。

薮崎　つまりＨＡＫＵＴＯの挑戦は、ispaceとしてはあくまで事業の一通過点ということなんですね。

袴田　その通りです。２０２０年までのロードマップを描いていまして、そのMission0として位置付けているのが、ＨＡＫＵＴＯです。われわれ独自の着陸船を開発してやるのが２０１９年から２０２０年です。

薮崎 あと2、3年ということは、月着陸が、東京オリンピックくらいですね。
袴田 そうですね。結構開発の期間は短いので　急ピッチで進めています。
薮崎 今回の100億円もの資金については、Missionだとどこまでに使い切る予定ですか？
袴田 Mission2までです。通常であればまずはMission1のみの投資になるのですが、今回投資家さんにもかなりリスクを取ってもらって、Mission1とMission2を一緒に投資してもらっています。グローバルで見ると2020年くらいから商業的な月の輸送サービスって始まってくるのです。宇宙事業って先行者利益が非常に大きいので、この時間軸に合わせてファーストグループと同じタイミングに実現するということが大事なのです。そうするとMission1の結果を待っていたらMission2が間に合わないので、一緒のタイミングでの資金調達となりました。
薮崎 2020年にみんな月に行き始めるということですか？
袴田 そうです。それくらいのスピードで、グローバルでは競争が進んでいるのです。
薮崎 他のプレイヤーとの違いはどのあたりにあるのでしょう？
袴田 たとえばですが、プレイヤーによって打ち上げの頻度を、年1回なのか年に数回やるのかになどが異なります。ispaceは1回で30kgの荷物を複数回打ち上げあげようと考えていますが、他のプレイヤーは2〜300kgの荷物を1回で打ち上げようとしていたりします。月面着陸の技術って地上で検証できないので、年に1回よりも毎月やってどんどん実績を作った方が信頼性を高める近道だろうと考えています。
薮崎 ちなみに100億円が決まった背景はどうなのでしょうか？
袴田 リード投資家と議論して決めました。価格もフィックスして全社にお願いしています。その100億円もマイルストーンじゃないので、単発で入れてもらっています。
薮崎 転換価格とか変わらないのですね。相当リスクをとっていますね。HAKUTOのパートナーはこれとは別で、株主ではないということですよね？

袴田　そうですね。一部株主になっていただいていますけれど。

薮崎　今回のあの発表について、HAKUTOのパートナーはどのような反応なのでしょうか？

袴田　HAKUTOの3月打ち上げが難しいこと、そしてGoogle Lunar XPRIZEのレース自体の終了については、もちろんこれからどうするかについて話し合っていかなければなりません。ただありがたいことに、われわれの「チャレンジをし続ける」ということにサポートしてくれているので、逆に今挑戦を辞めてしまう方が期待を裏切ってしまうことになると思っています。

薮崎　このHAKUTOのローバーは今後も使っていくのでしょうか？

袴田　Google Lunar XPRIZEで飛ばしたかったのですが、今後Mission1、Mission2、それ以降と、われわれの着陸船がこのサイズのローバーを2台くらいは積めるようにしたいと考えています。

七転び八起きの宇宙事業　メンバーとパートナーの集め方

薮崎　ispaceの社内ってどのようになっているのでしょう？　今回のHAKUTOとしての決断とエックスプライズの発表について、けっこう衝撃が走ったのではないですか？

袴田　社内の開発体制としては、HAKUTOのローバーを開発しているチームと着陸船を開発しているチームがいます。今回のエックスプライズの話は、ローバーを開発しているチームが一番影響を受けました。3月の打ち上げに向けて開発を終わらせられるように、かなり時間を使って最後の詰めをやっていたので、エンジニアとしては悔しい思いはもちろんあると思います。ただ、HAKUTOでの実現は難しくなりましたが、今後の日本そして世界における次世代の宇宙開発に向けて、ここまで開発されたローバーは十分に意味があると考えています。

薮崎　ispaceとしての社員は何名くらいなのでしょうか？

袴田　開発チームは30数名です。どんどん増えています。HAKUTOには、10名くらいのエンジニアが関わっています。他にプロモーションなどを担うプロボノというボランティアメンバーが70人ほどです。あと、HAKUTOは東北大とも一緒にやっていて、東北大の研究にかかわっている学生が10人弱くらいいたりします。

薮崎　結構いるんですね。社員に外国人とかもいますよね？

袴田　今社員は全部で40人くらいいるのですが、半分くらいは外国人になってきています。特に着陸船を開発しているエンジニアは7割、8割外国人です。欧米出身者がほとんどで、社内公用語が英語になっています。

薮崎　比較的若い方が多い印象がありますね。

袴田　メインは30代ですね。ただ、結構シニアな人もいて、着陸船の開発エンジニアのリーダーは今60代くらいです。アメリカ出身で、ずっとアメリカでロケット開発をしてきて、われわれのビジョンに共感して日本に移住してきました。

薮崎　特殊な業界だと、採用はすごく難しそうですよね。それってどちらからアプローチしたのですか？

袴田　もともと知り合いだったんですが、彼から「新しいチャレンジをしたい」とアプローチがあって来てもらいました。ちょうどispaceも着陸船のリーダーを探そうとしていたので、すごくいいタイミングだったんです。

薮崎　いろいろな役割の人が関わっていますよね。エスキュービズムもかなりいろいろな職種があるので、人事制度の作成が非常に難しいのですが、ispaceの社員のフィーはどのように決めているんですか？

袴田　給与テーブルを決めていて、一応レンジは広くとってあります。やはり日本の給与水準はこうした事業には合わなくて、さすがにシリコンバレーの基準にあわせる気はないんですけれど、心配にならないような条件にはしていますね。

薮崎　みんな紹介とか知り合いとかで来ているのですか？

袴田　紹介の場合もあるんですけど、最近ではネットで募集をしています。

薮崎　どういうところで募集するものなのですか？

袴田　日本のサイトにはあんまり載せていなくて、海外のサイトで募集の広告をしています。毎日2～3通くらい申し込みがあるんです。言い方があれですけれど、よくこんな島国のスタートアップに来てくれるなって（笑）。しかも今いる人たちのほとんどが、100億円を調達が決まる前からいるんです。さらにスカイプのミーティングくらいで入社を決めてきたりと、すごいリスク取って来てくれるなと。

薮崎　マネジメントがすごいですね。

袴田　ミッション・ビジョンが明確なので、それに向かってコミットしていこうとまとまりやすいんです。国の宇宙開発って、時間はかかるし、システムがどんどん大きくなるので自分が担当できるのは一部になってしまうし、ほとんど書類処理しかなくなってハンズオンで開発とかもしないのです。なので海外からも、「ispaceであれば手を動かして速いスピードでやれる」と思って、応募してくる人が多いですね。

そんな簡単にパートナーなんて集まらない

薮崎　私もいろいろと新しいことを仕掛けていくのが好きなのですが、そういったときに資金だったり、技術だったりといった外部のパートナーって、はたからみると簡単に見つかったと思われがちなんですよね。HAKUTOにも錚々たるパートナーさんが付いていますが、結構集めるのに苦労されたのではないですか？

袴田　かなり大変でした。

薮崎　いいアイデアさえあれば、トントン拍子にうまくいくみたいに思われますが、けっこう地道で泥臭いことを裏でしているんですよね。

袴田　有難い出会いがあったというのはあったんですが、候補リストは100社以上あって、実際に数えられないくらいの企業に会ってプレゼンしました。初期のころは直筆の手紙を送ったりして、200社くらいにはアプローチしたと思います。5、6年くらいかかりましたね（笑）。

籔崎　ずっとパートナーを集め続けていたということですよね？

袴田　２０１０年からＨＡＫＵＴＯのプロジェクトは進んでいたので、その頃から開発と並行してパートナー集めは行っていました。初めてパートナーになっていただいたのが、ＩＨＩさんで２０１５年でした。さらにそこから1年半くらいかけて、今のパートナーから支援をいただくことができました。

籔崎　相当大変ですね。「費用対効果はどうなるのか」とかいろいろ聞かれたんじゃないですか？

袴田　そうですね。現場から上げていってもやはり決まらないので、直接経営層にお会いできるかが重要でした。

籔崎　Zoffさんもパートナーなんですね。

袴田　実は最初、われわれがアプローチする企業候補に入っていなかったんです。あるテレビ番組で、「Zoffさんの眼鏡のフレームの素材が、われわれのローバーのタイヤの素材と一緒」ということを言ったんですね。そうしたら番組担当者がZoffさんに連絡を取って確認してくれたらしく、Zoffの担当者の方がずっと気になってくれていたらしいんです。それで「一度お話しできませんか?」ということになりました。

籔崎　オーナー企業ならではの決断ですね。

本当にアポロは月へ行ったのか

籔崎　素朴な疑問なんですけれども、現代ですら月への進出はこんなに難しいのに、50年前にどうしてアポロは月に行けたのでしょうか。そもそも本当にアポロは月に行ったのかなと。

袴田　自分は行ったと信じています。信じていますけれども、ネタ的にいつも言っているのは、本当にアポロ11号が、11号として行ったかどうかは分からないかな、と。

籔崎　いつ行ったかは分からないということですか?

袴田　アポロが月へ行っている」ということは、月の週刊衛星の写真で痕跡が残っているので本当かなと思います。まぁ、そこまでNASAがフェイクで作っていたら、面白い話なんですけど。

藪崎　どこまで正確にわかるのでしょうか？

袴田　今、最高の画質でいうと、解像度が50㎝くらいまで見えます。写真としても、アポロ17号に関する写真は残っているし、月面にもローバーが走った轍が映っているので、行っていることは間違いないと思います。

藪崎　なるほど。行ったことがあるのは確かなんですね。でもどうしていまだに50年前から、月への進出は進んでいないんですか？

袴田　いろいろな意見があって明確なことは難しいんですけれど、1つはやっぱり軍事の競争というインセンティブが、アポロの時はあったというのが大きいかなと思います。現在は、それだけお金をかけるインセンティブがなくなってしまっています。また、科学的にもアポロの時にいっぱいサンプルを持ち替えってきたので、それで研究がいろいろできて、すぐに行く必要がなかったというのもあると思います。そして3つ目として、研究した結果、月にはあまり資源がないっていう結論が出てしまったので、行く理由がなくなってしまったことがあるかなと。

藪崎　それではispaceとしては、月へ行く一番のインセンティブは何になるのですか？

袴田　ただ「月には水がある」というのは、昔からささやかれていて、最近になってその証拠が少しずつ出てきたので、また月に行こうという機運が高まっています。Mission2までは、情報と輸送サービス構築に向けた技術検証となるのですが、Mission3以降は水探査を中心とした活動になります。

藪崎　なるほど、水資源の探査がメインになるのですね。

袴田　水は水素と酸素に分解することでロケットの燃料になることから「宇宙の石油」とも呼ばれています。一年中太陽の光が当たらない「永久影」と呼ばれる地域が月には存在していて、ここに水が個体として保存されている可能性があるのです。また、月の水を調べることは、月の誕生の秘話を知ることにもつながるかもしれません。実際に行ってみないとわからないことだらけなのです。

ローバーの模擬実験風景

薮崎　実際にMission2で月面着陸する予定とのことですが、ぶっつけ本番になるんですよね？　テストしようがない気がするのですが。

袴田　そうですね。レゴリスと呼ばれる月の砂の状況など、月面の正確なデータがないので仕方ないところです。アポロが50年前に行って以降、人類は誰も行っていないので、西側諸国も含めてデータが不足していて、そういうデータがないとなかなか計画とか設計とかができない状況にあるんです。なので、データを欲しいというニーズもすごくありますね。だからこそ、Mission2で確実に着陸のノウハウをつかみたいと考えています。２０１９年にMission1として打ち上げて月周回を目指しています。着陸船をちゃんと作って打ち上げて、周回すればまずは合格にしています。２０２０年にMission2として月面着陸にチャレンジしたいなと考えています。Mission1は失敗も見込んでいて、もし失敗したとしてもそれをMission2に活かしていきます。

袴田武史

はかまだ・たけし

子供の頃に観たスターウォーズに魅了され、宇宙開発を志す。ジョージア工科大学で修士号（航空宇宙工学）を取得。大学院時代は次世代航空宇宙システムの概念設計に携わる。その当時、Ansari XPRIZEにより民間有人宇宙飛行が成功し、民間での新しい宇宙開発時代の到来を感じる。民間での宇宙開発では、経営者が必須になると考え、大学院卒業後、外資系経営コンサルティングファーム勤務。プロジェクトリーダーとして幅広い業種のクライアントにコスト戦略および実行を中心にコンサルティングサービスを提供。2010年よりGoogle Lunar XPRIZEに参加する日本チーム「ハクト」を率いる。

8

超小型人工衛星で実現！宇宙から見た地球とは

宇宙航空研究開発機構（JAXA）の
人工衛星の開発・製造・運用を
一括して委託する企業として選ばれるなど、
日本の宇宙ベンチャーの中で実績を残している
数少ない企業であるアクセルスペース。
そんなアクセルスペース代表の中村友哉氏に、
宇宙事業の現状と今後の展望についてお聞きしました。

偶然がつなぐ、挑戦の軌跡

中村友哉

株式会社アクセルスペース 代表取締役

薮崎　どのような事業をされているか簡単にご紹介いただけますでしょうか。

中村　独自の超小型衛星を製造し打ち上げることにより、地球観測データを収集します。ウェザーニューズさんなどがそうなのですが、企業からご依頼いただいてその企業専用の衛星を作る場合もあります。一方で現在新たに取り組んでいるのが、弊社が独自に打ち上げた超小型衛星から取得したデータを企業向けに販売する事業です。

薮崎　衛星を小型にするメリットは、費用にあるのでしょうか？

中村　そうですね、大型衛星だと二桁ほど金額が上がります。超小型だと数億円ですが、大型だと数百億円という費用感です。

薮崎　なるほど、かなり差があるのですね。人工衛星の大きさはどのようにして決まるのですか？

中村　大型衛星は、より機能の高い大型の機器を積んでいるので大きくなるのです。国が主導する地球観測であれば、やはり細かいものを見たいというニーズが大きく、地上分解能は高く設定することが必要です。小さい望遠鏡だとズームした際に暗くなってしまうため、細かいものが見たければ大きい望遠鏡が必要となり、そうすると必然的に衛星も大きくなってしまうのです。アクセルスペースの衛星は、そこまでは細かくは見ない前提のため、望遠鏡も小さく、衛星の総重量も１００kg程度でできるのです。

薮崎　望遠鏡の大きさが、衛星の大きさを決めてしまうんですね。

中村　そうです。あと、電力を送るとか通信容量が大きいとか、そういうリソースを食うものがたくさんあると大きくせざるを得ないということがあります。基本的には衛星は、大きくなればなるほど機能としてできることの幅が広がるのです。もちろん小さくても基本的なものは積んであります。ほとんどの衛星は、外部に太陽電池があり、内部にコンピュータや電源、２次電池、通信するための機器、姿勢を変更するための機器、そしてカメラなどのミッション機器などが搭載されています。

薮崎　現状でアクセルスペースの人工衛星は、何機打ち上げられているのですか？

中村 すでにウェザーニューズの人工衛星2機と、東京大学の主導で2014年に打ち上げた「ほどよし1号」の、合計3機が上がっています。2018年に「GRUS」（グルース）と名付けた超小型地球観測衛星を3機打ち上げる予定ですが、その後2020年までに10機以上を整備、2022年には50機くらいの衛星打ち上げを目指しています。そうすることで、1日1回、地球上の全陸地の約3分の2を撮影することが可能となります。これは人間が経済活動を行うほぼ全ての領域であり、その情報を毎日得ることができるようになるのです。これがアクセルスペースの目指している『AxelGlobe（アクセルグローブ）』というプロジェクトです。

薮崎 Google Earthなどではすでに衛星画像が使われていると思いますが、そこととの違いは撮影頻度ということでしょうか。

GRUSの模型

中村 そうですね。たとえばGoogle Earthを見ると、東京ですら画像更新されるのは1年から2年に1回程度です。東京であってもそうなので、地方はもっと更新頻度が低くなります。ですがAxelGlobeでは、世界中毎日新しい画像を提供できるようになります。

薮崎 撮影頻度が上がることで、どのような領域に役立つと考えていますか？

中村 既存の衛星画像ユーザーに対して売るというニーズもありますが、それだけではあまり面白くないと思っています。撮影頻度が上がり毎日画像が蓄積されると小さな変化に気づくことができます。たとえばですが、都市部の開発計画を作ったり、最新の地図を自動で作ったり、あるいは港の輸出入の状況をつぶさに観測することで未来の経済状況を予測したり、これまで衛星画像が使われてこなかった民間の分野での活用を目指しています。

薮崎　費用を抑えることで、民間企業でも活用できることを目指しているのですね。

中村　そうです。民間における利用は、今後爆発的に広がっていくと予想しています。そのためのプラットフォームを作ることが目的です。世界中のデータが毎日AxelGlobeに蓄積され、民間企業はそのビッグデータと自社のデータを組み合わせて、エンドユーザー向けの情報提供を行うＢ２Ｂ２Ｃ、あるいはＢ２Ｂ２Ｂのビジネスモデルを目指しています。

薮崎　それは大型衛星ではやはり難しいのでしょうか？

中村　撮影頻度を上げて毎日世界中のデータを蓄えるためには、衛星一機ではどんなに頑張っても不可能なので、数を増やすということが必要になってきます。大型衛星は一機あたり何百億円とするので、たくさん作って打ち上げることができません。ですが、超小型衛星はコストが１００分の１と安いので数を増やすことができ、撮影頻度を上げることができる、そこが勝負のポイントだと考えています。単体での機能を比較するとやはり大型衛星には勝てませんが、衛星の集合体とすることで超小型衛星の価値が高まると考えています。

薮崎　今、衛星画像を使っているところはどんなところがありますか？

中村　現在、日本においては毎日の衛星画像を収集して解析しているところはありません。ただ、海外でいくつか事例が出てきていまして、特に農業の分野（精密農業と呼ばれる分野）で導入され始めています。アメリカだと地平線の先まで自分の畑ということが普通にあり、そこまで広大だと自分で田畑の状況を見て回ることができません。そのため、衛星画像によって畑の中での作物の生育状況などを取得するのです。そしてたとえば、生育の情報をトラクターに入れて、ＧＰＳを活用した自動運転などと組み合わせることによって、農作業の効率化・自動化が期待できます。また、水分量などを測ったりすることで、収穫時期などの決定に役立てられます。小麦などの農作物は収穫後に乾燥させる必要があるため、水分量が少なければ乾燥のための燃料を削減することができるのです。

薮崎　衛星からそこまでの情報を得ることができるのですね。

中村　今、広大な農地の中がどうなっているかといった情報を、いっぺんに知るというのは衛星画像の得意なところです。そのため、大規模農業が行われている地域で取り入れられているのです。

薮崎　確かに大規模農業が行われているアメリカだと、効率性が特に求められていますよね。こうした広範囲な地理データからなにかを導き出すことに向いていそうですね。

中村　さらにこれもアメリカの事例ですが、街のショッピングセンターにおいて、自動車がどれくらい止まっているかという情報から、その街のシェアを知るというマーケティング領域でも使われていたりします。そのほか変わったところだと、石油備蓄量を知るというものがあります。港湾には石油備蓄基地がよく見られますが、あのタンクの屋根は浮屋根になっており、タンク内の石油量によって上がったり下がったりします。そのため、影の落ち方でどれくらい石油が入っているかが分かるのです。衛星画像を使って世界各地の石油タンクの浮屋根の高さを観測することで、経済予測につながる一つの情報になる可能性があります。

薮崎　さまざまな使い方がされていますね。

中村　自分たちだけでは思いつかない使い方というの

サウジアラビア　ジャウフ州

が出てくるので、われわれとしては新しいデータセットを使ってくれるような業界をどんどん開拓していきたいと考えています。上空からマクロ的に見られるデータは、他にはあまりありません。だからこそいろいろな業界で利用できる、ユニークなデータソースになると思っています。

人工衛星を支えるテクノロジー

薮崎　門外漢な質問で申し訳ありませんが、衛星に搭載されたカメラの向きや姿勢を変えるのはどうやってやるのですか？

中村　衛星の姿勢を変更するための機器として、リアクションホイールという、独楽みたいなものが搭載されています。その回転を変化させることによって、衛星全体の向きを変えることができるのです。

薮崎　モーターを積んでいるということですか？

中村　そうです。もう一つ、磁気トルカという機器もあって、これは簡単に言えば電磁石です。この電磁石に電流を流して磁場を発生させて、地球の磁場と干渉させることで力を発生させ、衛星の向きを変えることもできます。

薮崎　そういった制御プログラムの組み込みが大変そうですね。

中村　そうですね。角度が0・1度ずれるだけで、地球の撮影場所は何キロもずれてしまいます。ただ、すでに過去の多くの人工衛星で制御プログラムが確立されているので、そういったノウハウを応用することで可能になっています。

薮崎　ちなみにウェザーニューズの人工衛星である、WNISAT-1とWNISAT-1Rは何が違うんですか？

中村　WNISAT-1Rは、WNISAT-1のアップグレード版です。カメラの性能も上がり衛星本体も大きくなっています。これには理由があって、北極海の氷だけではなく台風や火山も見たいというようにニーズが増え、それに対応するような改良をしたためです。さらに、夜間や雲が被っているときでもある程度北極海の状態を観測したいというニーズもありました。そこで、GNSS-R（写真の外側の白い部分）により、GPSなどの測位衛星の反射波を利用して、地球表面の状態を観測できるようにしたのです。

薮崎　GNSS-Rは自分では電波を出していないんですね。

中村　そうです。GPSなどから発せられた電波が地球上で反射した反射波を観測します。そうすることで地上の状態をある程度知ることができるのです。たとえば、ツルツルの所で反射すると強い電波が返ってくるし、荒れている海だと電波が弱くなったりします。それにより反射地点が氷なのか海なのか、それぞれどんな状態なのかということがわかるのです。WNISAT-1R自身で電波を発して観測を行おうとするとかなり電力が必要になるので難しいのですが、このように反射波を受信するだけであれば十分対応できます。この衛星搭載GNSS-Rは、日本で初めての試みなんです。

WNISAT-1R

薮崎　人工衛星の製造は、どこでされているのですか？

中村　東京にあるアクセルスペースのオフィスで行っているのは、基本的には組み立てと電気的な試験です。宇宙に行くにはある程度のクオリティが大切なので、金属の切削や電子部品のハンダ付け等の部品製造・加工は外注でプロに任せています。

薮崎　それでは人工衛星に関わるエンジニアはやはり特殊な技術が必要なのでしょうか？

中村　衛星に関わるエンジニアって、すごく特殊に思われることが多いのですが、実はそうでもないのです。機械とか電気とかの知識ベースがあれば、その他に「宇宙だからこういう事に気を付けなければいけない」ということがあるだけなので、知識を組み合わせれば立派な衛星エンジニアになれるのです。そのため採用にあたってはアクセルスペースも、宇宙に関するバックグラウンドを持っている人だけにこだわっているというわけではありません。２０１９年4月現在、メンバーは68名ですが、ここ1、2年で急速に増えました。

薮崎　アクセルスペースさんの採用情報を見たら、Ｃ＋＋ソフトウエアエンジニアを募集していたりと、意外と普通の求人だなと思いました。どのような人材をどう採用しているのですか？

中村　紹介もありますし、エージェントにお願いしたりもします。ただ幸いなことに、アクセルスペースの業態が珍しいということで、われわれのビジネスそのものに興味をもってくれる人も結構いますね。また、人工衛星だけを作っているわけではなくて、情報プラットフォームを作ろうとしているので、ＩＴエンジニアもかなり必要になってきます。たとえば、画像解析のためにＡＩのバックグラウンドがある人も募集しているのですが、「ＩＴのスキルを宇宙に活かせる」とは一般的には思われていないので、アクセルスペースの募集を見つけた時に珍しいということで興味を持ってくれる人も多いですね。

薮崎　エンジニアは何人くらいいるのですか？

中村　46人です。うち30人が衛星エンジニアで、その他がＩＴエンジニアです。実は海外からも応募は多いです。

薮崎　そうなんですね。外国の方はどれくらいの割合なのですか？

中村　18人なので、１／４くらいですね。国籍は本当にバラバラで、世界中の13か国から来てくれています。社内は英語を公用語としていませんが、日本語があまり理解できない社員もいますので、全員へのアナウンスなどは日本語と英語の両方で行っています。

薮崎　世界で似たようなことをしている企業はあるんでしょうか？

中村　同じようなことをしている企業は、アメリカに数社ありますね。ただ、今のところ多くの顧客を獲得した、デファクトといえるプラットフォームを完成させたところはありません。アクセルスペースにもまだまだ世界を取れるチャンスがあると思っています。

超小型人工衛星にとって、ドローンは脅威か

薮崎　超小型人工衛星では、地上をどれくらいの画像で見ることができるのですか？

中村　AxelGlobeに使用するＧＲＵＳは地上分解能を２・５ｍまで上げています。ターゲットは〝地上〟なので、地上のどれくらいの人が使ってくれるのかということが大切です。特に都市部でサービス提供できないと、あまり意味がないと考えているので、できる限り細かく見られるように設計しています。ただ、地上分解能を上げすぎてしまうと、ズームする形になりますので撮影エリアが狭くなります。すると、世界全土を高頻度に観測するというAxelGlobeの目的から外れてしまうので、バランスを見ています。

薮崎　確かに。ドローンが競合になるように思います。

中村　地上分解能をかなり上げる場合には競合になり得るのですが、AxelGlobeの場合は協業できると思っています。いくらか引いて広いエリアが観測で

衛星から撮影した大阪（ほどよし１号撮影）

きることがドローンとの差別化になると思っています。

薮崎　特に農業だと、ドローンを使うイメージはありますね。

中村　確かに日本だとまだいいのですが、アメリカのように広大な農場だと農地全体をドローンで撮影しようとすると一日かかってしまいます。さらに将来は無人になるかもしれませんが、現状ではドローンを操縦する人が必要なため、コスト面でも衛星画像の方が圧倒的に優位になります。

薮崎　宇宙ベンチャーとひとくくりに言われますが、アクセルスペースは、月や天体を対象としている他ベンチャーとは異なるように感じます。

中村　そうですね。アクセルスペースは宇宙ベンチャーと言われますが、ビジネスはあくまで〝地上〟を対象としています。われわれは、宇宙そのものをビジネスにしているのではなく、宇宙という特殊なツールを使って、いかに地上のビジネスをより良くするか、われわれの暮らしをより豊かにできるかを考えています。

薮崎　事業を行う上で気を付けている点はありますか？

中村　宇宙には魅力もあるんですけど魔力もあると思っていて、話題になるからと言って「無理矢理宇宙を使いましょう」とはならないように気をつけています。地上でできることは地上でやった方が圧倒的に安い。だから、「宇宙じゃないとできないことをやりましょう」という提案ができるかどうか。これが今後もアクセルスペースが長くやっていけるかどうかに繋がっていくと思います。

偶然がつなぐ、超小型人工衛星への挑戦の軌跡

薮崎　人工衛星事業を始めようと思ったきっかけについて教えていただけますか。

中村　大学の時に、学生手作りの超小型衛星プロジェクトと出会ったことから始まりました。もともと宇宙関連の研究をやりたいと思って大学に入ったわけではないのです。むしろ高校の時は化学が好きで、他大学の化学科

を併願として出したくらいですから。ただ、東大の教養課程で講義を受けていて、波動方程式が出てきたあたりで、「これはやりたかったことじゃないぞ」となってしまったんです。それで化学の道に進む以外にも選択肢はあるのではないかと考え始めました。化学でない進路を選ぶ場合には高校からやりたかったものを諦めるわけですから、まっさらな気持ちで「何か、本当に自分が興味を持てることをやりたい」と探したんです。わざわざ違う道を選ぶのなら、今、ここでしかできないことをやりたいと思っていました。たとえば、「機械系の学科に入ってロボットを作ることは確かに面白そうだけど、今ここじゃなくてもできる」とか、今振り返ると本当に大それたこと言っていたなと思います。ただ当時は本気でそう思って、いろいろな学科を見て回りました。そこでたまたま航空宇宙工学科の先生が研究室の活動を紹介していて、「人工衛星を作っているんだ」というのを耳にしたんです。それがきっかけです。

薮崎 人工衛星、と聞いて直感的に「これだ！」と思ったのですか？

中村 いえいえ、「人工衛星？ 大学で？ まさか！」とひっかかったんです。普段の暮らしからは縁遠い領域じゃないですか。学生でも作れるなんて考えたこともないし、国の大きな機関が何百億円とかけてやっているというイメージしかなかったので、「自分たちで人工衛星をつくる」ということに対してすごく衝撃を受け、同時に興味を持ったんです。

薮崎 確かに、学生が初めて聞いたら突拍子もない話に聞こえるかもしれませんね。

中村 2年生が集まって各学部の紹介を聞くオリエンテーションのような場で、その人工衛星研究の話を聞いたのですが、その場にいる学生の3分の2くらいは引いていて、残りはけっこう目をキラキラ輝かせて聞いていましたね。

薮崎 確かにそういうイメージのつかないような壮大かつ未知の話を聞いたときの反応って、はっきり分かれますよね。未知なものへの許容度というのでしょうか。

中村 そうですね。ただ、本当にそんなことできるんだろうか、という疑念はありました。ネットで調べても、

「これなら学生にも作れそう」と思える人工衛星の情報なんてないわけです。だから、「この話が本当ならどうやって作っているんだろう」と思って、実際に研究室を見に行ったんです。

薮崎　どんな研究室だったのですか？

中村　ありがちな大学の狭い汚い研究室の中で、はんだ付けをしている人がいたり、寝袋でその辺に寝転がっている人もいて、「こんな感じでできちゃうんだ」と衝撃でしたね。でもそこでやっている人たちがすごく楽しそうだったんです。目の下にクマをつくりながらも、それ以上に活き活きしているのを感じましたね。本当に衛星を作って宇宙に飛ばそうとしている先輩たちの話を聞いて、ますます興味が膨らみました。もともと宇宙そのものに惹かれていたわけではないのですが、先輩との話を通して「手の届かない宇宙に自分の作ったものが行く」「宇宙で自分の設計した通りに動いてくれる」ということをリアルに感じ取ることができ、エンジニアの卵としてその点に非常に強い興味を持ったのです。このとき、進学先は航空宇宙工学科にしようと心に決めました。

薮崎　東大の航空宇宙工学科ということは、相当頑張っていないとその学科には進学できないですよね。私なんかテニスばっかりでした・・・

中村　要領はいいと友人から評されていました（笑）　進学したあと、希望の研究室に入るのも狭き門なのですが、その研究室の教授から出されたレポートには力を入れたりして、何とか入ることができました。ただ、ほっとしたのもつかの間、右も左もまったくわかっていない状態なのにもかかわらず「じゃあ明日から熱真空試験だから」と言われて、相模原にある宇宙研（ＪＡＸＡ宇宙科学研究所）の設備で1週間ぶっ続けで試験したりしましたね。

薮崎　いきなりとはすごいですね。どのような試験なのですか？

中村　真空チャンバーという内部を真空にする容器に衛星を入れて、温度を上げたり下げたりしてもちゃんと動くかという試験です。過酷な試験なのに先輩から「24時間交代ね」と言われて、そのときは正直「そんな！」って思いましたね。そんな中でのスタートでしたが3ヶ月くらいすると、先輩達の言っていることがなんとなくわかってきて楽しくなり、それ以降は人工衛星開発に夢中になりました。もともとアカデミアの方向に進むつもりなんてまったくなかったのですが、衛星開発を続けたいがために、気づいたらそのまま博士課程まで進んでいました。それくらい面白かったんです。

ウェザーニューズとの出会いから、アクセルスペースという企業は始まった

薮崎　研究者になるのではなく、衛星を事業としたのはどうしてなのですか。

中村　もともと研究者になりたいわけではなかったので、博士課程を修了する時が近づくと、これからどうしたらいいか困るわけです。ただ、超小型衛星を作るのが楽しくて、やはり「衛星を仕事にしたい」という思いがありました。それでまずは「超小型衛星を作っている会社に入ろう」と思ったんですが、そんな会社は世界的に見てもどこにもなかったんです。

薮崎　日本だけでなく、世界のどこにもなかったのですか？

中村　数トン級の大型の人工衛星は日本でもＮＥＣや三菱電機が作っているんですけど、私たちが大学時代に作っていた重さ数kg程度の超小型となると、世界を見渡してもなかったですね。唯一、アメリカにそういった会社を見つけたのですが、顧客のニーズに合わせて人工衛星自体を作るビジネスではなく、その頃世界中の大学で広まりつつあった超小型人工衛星プロジェクト向けに通信機とか太陽電池を売ったり、打ち上げをアレンジしたりといった、「作る人」向けのビジネスだったんです。私は自分たちが作った超小型衛星を誰かに「使って」もらいたいと考えていたので、その会社も違うと思いました。

薮崎　それで起業したのですか？

中村　実は最初、起業という選択肢は全く頭にありませんでした。ただその時に、研究室の教授が大学発ベンチャーを支援する助成金を受けているという話を伺い、「そうか、会社を作ればいいのか」と思ったんです。「会

社を作ったら超小型人工衛星の開発を続けられる」と考え、その助成金のプログラムに入れてもらい、起業に向けた準備を始めました。

薮崎　なるほど、そういうことだったんですね。卒業されてから起業まで少し間を置いていたので、どういうことなんだろうと思っていました。

中村　２００７年3月に卒業して、会社設立は２００８年8月ですので、その間は研究室の部屋を間借りしながら東大の研究者として準備をしていました。

薮崎　会社にするからには、開発だけをしているわけにもいかないですよね。

中村　その通りです。お客さんがいないとビジネスにならないので、営業を始めました。でも営業の知識なんて全くないわけです。とりあえず「人工衛星を使いませんか」と、正面突破で提案をしに行きました。すると、珍しい商材だからか、話を聞いてくれる企業は多かったんです。ですがやはり、ビジネスにはつながりませんでしたね。お客さんからすると「確かに面白いとは思うけど、自分の衛星を持っても、それをどうやって使ったらいいのかわからないよ」という状況だったんです。実際に「どう使ったらいいの?」という質問を受けても、こちらとしても明確には答えられません。「写真を撮ったり、通信したりできますよ。」くらいなら言えますが、ピンとこないわけです。結局明確なアイデアにつながらなくて、「じゃあ何か考えときますね。また次回。」となって、その〝次回〟がないというパターンでした。それを何度も何度も繰り返して、気づいたら一年くらい経っていました。そこで覚悟を決め、このままお客さんが見つからなかったら、起業は諦めるつもりでした。もともと会社を作りたかったわけではないですし、お客さんがいないのに無理やり起業しても続くはずがありません。まさに背水の陣でした。

薮崎　初期の頃ってそういう感じですよね。思っている以上にうまくいかない。弊社も設立2年目で「本当にもう無理かも」ということがありました。ただ地道にしっかりとできることを尽くしていると、次につながる機会に巡り会うものだなと思います。

中村　そうですね。「さすがにやばいな」と思っていた頃、ウェザーニューズとお会いする機会があったんです。ウェザーニューズは、もともとその頃「自社で人工衛星を持ちたい」という希望をお持ちだったので、すごくラッキーでした。

薮崎　ウェザーニューズはどうして人工衛星を必要としていたのですか？

中村　北極海の氷の分布を見るためにいい方法を検討されていました。もちろん既存の人工衛星の画像を買ってくるのが手っ取り早いんですが、それだと費用が高すぎてビジネスにならない。超小型衛星はその目新しさからメディアで取り上げていただく機会も多く、ウェザーニューズはこうした衛星なら自前で所有して自由に使うことが可能なのでは、と考えていらっしゃいました。そんな時に、われわれが会って話す機会をいただいたのです。お互いに「これでいこう」というプランがまとまるまで半年くらいかかりましたが、ついに２００８年８月、超小型衛星の経験者３人でアクセルスペースを設立しました。

薮崎　ウェザーニューズとはどういう契約だったのですか？

中村　共同開発です。当時まだウェザーニューズ創業者の石橋博良さんがご存命でいらっしゃって、石橋さんが「ウェザーニューズとアクセルスペースは発注者と受注者の関係ではなく、一緒に新しい価値を作る同志なんだ」とおっしゃっていただいて、本当によくしてくださいました。

薮崎　そうなんですか。人工衛星と言うとやはりコストとリスクがけっこう懸念事項だと思うのですが。

中村　石橋さんは「気象という国が主導をして進めてきた業界で民間の力を発揮したいわばパイオニア」です。そのため、同じように国主導の宇宙分野で起業しようとしているアクセルスペースに何かしらを感じてくださって、私たちの挑戦を応援したいと思ってくれたのではないでしょうか。石橋さんの意志として「このプロジェクトは、やらないといけないんだ」と言っていただき本当にありがたかったです。

薮崎　すごいですね。オーナー経営者としての気概と矜持を感じます。

中村　最初のお客様がウェザーニューズで本当によかったです。普通の企業だったらこういったことはありえなかったと思いますし、技術者3人で作った会社ですから誰も経営の知識なんかないわけですよ。プロジェクトが始まって、ウェザーニューズから色々なことを教えてもらいました。民間企業というのはこういう風に考えるんだとか、会社に必要な機能とか。そうやって人材も採用できるようになって、本当に少しずつきちんとした会社への道を歩んでいったという感じですね。

企業が欲しいのは人工衛星ではなく、人工衛星からのデータ

藪崎 アクセルスペースの最初の人工衛星は、ウェザーニューズのためのものなんですよね？

中村 その通りです。ウェザーニューズ以外の企業からは「やっぱり実績がないと難しい」とよく言われました。だから、ウェザーニューズの人工衛星を打ち上げることで実績ができ、後に続く企業が沢山出てきてくれるだろうと思っていました。

藪崎 どうなったのですか？

中村 ウェザーニューズの例を示しながら、いろいろな企業に提案してみました。けれども今度は「それはウェザーニューズさんだからできたんですよ」と言われてしまったのです。結局、いくら実績を作ったとしても何だかんだ言い訳が出てきてしまうのだろうと悟りました。やらない理由はいくらでも言えてしまいます。根本的にアクセルスペースのビジネススタイルを見直さないといけないと思いました。

藪崎 衛星を持ちたいという企業がなかなか現れない一番の原因は何なのでしょうか。

中村 リスクが一番の問題だと考えました。自社で衛星を所有して打ち上げるとなると何億円もかかりますし、何年もかかってしまいます。なので、そのリスクはアクセルスペースが衛星を打ち上げることで解決し、データを提供すればいいのだと考えたのです。

藪崎 なるほど。人工衛星はあくまで手段で、企業が求めているのは衛星からのデータだということですね。ただウェザーニューズは、そのデータが高価だったから自社で衛星を持つという判断に至ったと思うのですが、ア

クセルスペースはどういう新しい価値を提供するのですか。

中村 そこで計画したのがAxelGlobe（の原型となるアイデア）で、たくさんの超小型人工衛星を打ち上げて地球を高頻度に観測すれば、これまでになかった価値が出ると考えています。その事業計画書をもとに、ベンチャーキャピタル（以下、ＶＣ）への提案を行い、最終的にはＶＣ７社、民間企業としては三井物産やスカパー、そしてウェザーニューズから出資をいただいて、２０１５年に19億円もの資金調達ができ、AxelGlobeプロジェクトが本格的に始動したのです。

薮崎 ＶＣだとバリュエーションや期間がなかなか合わないんじゃないですか？

中村 必要な資金もＩＴベンチャーと比べて大きいですし、エグジットまでの時間は長くなってしまうので、これまでの投資とは全然違うと思うのですが、その中でもそういった特殊性を理解していただき可能性を感じていただくことができた結果だと思っています。

中村友哉

なかむら・ゆうや

株式会社アクセルスペース　代表取締役。1979年三重県生まれ。東京大学大学院工学系研究科航空宇宙工学の博士課程を修了。この間3機の超小型衛星開発に携わる。2008年8月アクセルスペースを設立し、2013年に世界初の民間商用超小型衛星「WNISAT-1」、2014年に「ほどよし1号機」、2017年に「WNISAT-1R」を打上げ。2019年には宇宙航空研究開発機構（JAXA）から受注した小型実証衛星1号機「RAPIS-1」を打上げた。現在、自社プロジェクトとして数十機の超小型衛星群による全球毎日観測プラットフォーム「AxelGlobe」の構築に取り組んでおり、2018年に初号機の打上げに成功した。

9

テクノロジー加速時代の企業戦略のすすめ

AIやIoTなど、テクノロジーの進歩が加速度的に早くなってきている現代。こうしたテクノロジー加速時代に企業はどのような戦略をとるべきなのか。大ベストセラー『ストーリーとしての競争戦略』の著者である、楠木建教授（一橋大学）に、これからの企業戦略のあるべき姿についてお伺いした。

テクノロジーとは「人間技能の外在化」

楠木 建

一橋大学教授

薮崎　ＡＩやＩｏＴ、仮想通貨や自動運転など、さまざまなテクノロジーが加速度的に進歩している一方で、企業やひいては人間がその速さについていけていないように感じます。テクノロジーと企業・人は、どのようなストーリーとしての関係を築いていくべきなのでしょうか。

楠木　僕が考えるテクノロジーの定義は、もともと人間が保有していた技能なり人間が行っていた活動の外在化です。

薮崎　外在化ですか？

楠木　そうです。要するに、「人間から外在化された人工物」というのがテクノロジー（技術）です。この定義というから成り立ちとして、大半のテクノロジーの目的は、コストを下げることにあります。

薮崎　確かに、よく「人間の排除」だという捉え方をされますね。

楠木　排除というより、部分的な代替ですね。外注というかアウトソーシングといったほうがいいかもしれない。これは新しい話ではまったくありません。産業革命期の「機械化」にしても原理的には同じです。つまり、人がやっていたものやことの外在化です。人間が行うと費用が高くなるし、そもそもある方面では人間のパフォーマンスには一定の限界があります。重いものを持ち上げるとか速く走るという、人間の持っていた能力が産業革命で機械や装置に外在化されたのと同じことです。

薮崎　なるほど。人間の能力の代用、もしくは拡張ということですね。

楠木　たとえＡＩなどのテクノロジー自体が新しいものであったとしても、そういったテクノロジーの本質は変わらない。企業にとってのテクノロジーの意義は、そうした本質を踏まえて、いかにそれを商売に利用するかということにあります。そもそも僕は、企業にとって長期利益がその企業が優秀かどうかの通信簿だと考えています。拝金主義ということではありません。普通に競争がある市場経済では、それが最も多くの価値を反映している尺度だと思います。利益が出ているということが、独自の価値を創っているということの一番の証明になります。企業活動ができる最大の社会貢献は納税です。儲かっていなければ納税もできないですし、稼ぐ力がなければば雇用もつくって守れない。

薮崎 話は逸れてしまいますが、長期と言った時の時間軸というのは、どれくらいが一番適切なのでしょうか。1年なのか3年なのか、10年なのか。

楠木 それは業界や商売、経営者の構想に依存するので一概には言えませんが、3年から5年といったレンジが普通なのではないでしょうか。次の四半期の数字はない、ということです。一方で、10年先のことはほとんどの場合分からない。

薮崎 外部や社員に対して、半年後や1年後などはある程度読めているので話をしやすくて、10年後については大きな話になるのでしやすいのですが、3年先くらいの話が一番難しいと感じます。一方で、特に社員は3年先の話を一番聞きたがりますね。ただ3年という期間は、それぞれの時間をコミットしないといけないのに対し、不確実性が一定レベルあるため、経営者としてはなかなか説明の仕方が難しいなと思います。IT業界という特性もあるのでしょうけれども。

楠木 そうですね、それもやはり業界に依存しているでしょうね。たとえば今だと、仮想通貨の取引所の商売なら3年先など到底考えられないだろうし、考えても意味がないことが多い。逆に、インフラなどの公共事業を行う経営者は、10年後といっても中期くらいの時間認識かもしれないですね。長期って何年だと問われると、物理的な時間での回答は難しいですが、経営者は自分の中で長期というとこれくらいかなというイメージがあると思います。そして長期にわたって持続的に利益が出る、つまり人がそれに対してお金を払いたいと思う水準よりもそれにかかるコストが下回るようにもっていく。これが経営の根本ですね。

これからのテクノロジーで企業が目指すべきものはWTPである

薮崎 話を戻しまして、テクノロジーを活用して長期利益を出すために、どのようなことが企業に求められるとお考えでしょうか。

楠木　先ほども申し上げたように、テクノロジーのほとんどがコスト低減を向いています。それはそれで技術の本領なのですが、これからテクノロジーで企業が目指すべきなのは、どうやったら顧客のＷＴＰ（Willingness to pay：支払意志額）が上がるのか、ということだと思います。

薮崎　コスト削減ではなく、いかに付加価値を出すかということですね。エスキュービズムは小売業界を中心に課題解決を多く行っているのですが、「〝ＥＣで〟〝ＲＦＩＤタグで〟〝セルフレジで〟〝ＩｏＴで〟なにかしたい」と相談される場合、究極的にはコストを下げることを目指されていることが多いです。本当は、どうやってアマゾンに勝つか、どうやってアマゾン以上の価値や体験を提供できるかが大切なのですが。

楠木　もちろんコストを下げることは大切で、それをやれば当然売上も増えるんですけれども、コスト低減には終わりがある。ゼロを超えることはできません。商売の本筋はＷＴＰの増大にあります。

薮崎　同感です。ただなかなか難しいなとも思います。実は家電でもＩｏＴ家電を作ろうとしていたのですが、家電をネットワークにつなげても、コストは上がるのに、なかなかＷＴＰが上がるわけではないということが大きな壁になります。テクノロジーでＷＴＰを実現できている企業で、楠木教授が注目している企業はありますか？

楠木　ＷＴＰの増大は、日本のように成熟した国の企業が向かっていくべき課題だと思います。成熟は、「もう欲しいモノがない」という満腹感をもたらします。それでもお金を払ってもらうためには、コストを下げるだけではなく、いかに価値を感じてもらえるかが重要で、ここに挑戦課題があります。そういう視点で見ると、新しい企業の中ではSHOWROOMがやろうとしていることは非常に面白い。

薮崎　なるほど。生きるために必要だから、という観点ではなく、お金を払ってでも買いたい、体験したいと思われるサービスや製品を提供するということですね。ただ、現状において、本質的なところでＷＴＰが実現できている企業は少ないように思います。

楠木　僕がつくづく不思議だなと思うのは、売れるものがないとか、ものが余っているとか、コモディティ化で儲からないとか嘆く経営者がいるでしょう。しかし、もしそうだとしたら、それこそが過去の企業活動の最大の達成なんですよね。みんなが「モノが足りない。貧困だ。」と苦しんだ時代もあったわけです。松下幸之助の水道哲学等が有名ですが、今は公園にある水道の蛇口をひねれば水が出てきて、それを誰も咎めないでしょう。それはなぜかというと、十分にコストが安いからで、大量に供給できる状態を作り上げた先人達がいたからなのです。こんな幸せなことはないと思います。

薮崎　今までの企業としては、それを目指して活動してきたと言えますからね。

楠木　コストを下げることも大切ですが、それだけだとプレイヤーも多いし技術も汎用的になっているので、選ばれる理由にはなりづらくなっています。だからこそＷＴＰの方へ挑戦しているか、というのは、いろいろ企業を見る時に僕が大事にしている視点ですね。

薮崎　自動車業界においてはどうでしょうか。エスキューービズムは中古車事業にも取り組んだことがあるのですが、ＥＶはＷＴＰになり得るのでしょうか。

楠木　ＥＶは、コストもＷＴＰも両方あると思います。実はＥＶという技術自体はものすごく古い。ガソリンエンジン車より古いのです。フォードが最初に取り組んだのは、電気自動車ですからね。直感的には内燃機関よりも電機のほうが機械としては自然ですよね。当時の技術でも距離にして数十キロは走ったそうです。ただ量産する際にコストがまるで合わなかった。

薮崎　フォードというと１９００年初頭ですね。その頃ですでにそこまでのテクノロジーはあったのですね。ＥＶや水素自動車などの新しい自動車によって、たとえばこれまで移動しなかった目的に対して人が移動するようになるとかになってくると面白いですね。

楠木　そうですね。「電気自動車の方がコストが安いんだよ」というだけでは、新産業の創造にはなりえない。

薮崎　よくわかります。そうなるとコスト勝負になってしまうのですよね。テクノロジーでコスト削減を目指すか、WTPを目指すかという方針は、次の一手に大きな違いが出てきます。

テクノロジーが進歩しても、そんなに新しいことは起きない

薮崎　テクノロジーの進歩が加速していますが、いろいろな人が「将来はテクノロジーによってこんな劇的な変化が起こる」と言っています。これからのテクノロジーに対してどのように見ていらっしゃいますか？

楠木　僕が申し上げたいのは、新しいテクノロジーが出てきたとしても、「人間にとって本質的に新しいことはそれほど起きない」ということです。今いろいろなテクノロジーに関して、単純進歩主義的な意見が多いと思うんですよ。まったく世の中が変わるとか。僕はそういう立場をとりません。いまこそ歴史に学ぶ必要があると思います。産業革命が起きた時のイギリスの言説とかですね。近いところだとインターネットが出てきた1990年代前半の言説をみてみると、驚くほど頓珍漢なことを言っている。ようするに、テクノロジーによって人間の持っているものが外在化されても、それは人間そのものを変えることにならないということですよね。たとえばインターネットの普及とともに、食べログなどの情報サイトが出てきて、それは非常に効率のいいものだし、今まで知らなかったお店を知ることで人々が外食にお金を使うようになるというWTPを上げる点もありました。だから素晴らしいサービスだと思うんですけれども、飲食店のサーチとか予約するという行為が一部外在化したとしても、肝心の〝食べる〟ということ自体を外在化したいっていう人は当面出てこないと思うんですよ。誰かに代わりに食べてもらいたいという人はいない。

薮崎　確かに〝走る〟〝書く〟など、すでに外在化できるようになっていても、それ自体を楽しんであえて外在化しない人たちはいらっしゃいます。また、自動車も自動運転に進むとしても、運転するということが好きな人は今後もある程度残るでしょうし。

楠木　つまりどんなに外在化できるようになったとしても、「人間が絶対離さないもの」があるのです。それが

真のニーズです。そう意味で、僕はテクノロジーっていうのはもちろん大切なんだけれども、一定の限界があると考えています。外在化ができないから、していないんじゃなくて、したくないっていうものに一番価値があるんですね。たとえば洋服に興味がある人は、洋服をサーチするプロセス自体に楽しみを持っているでしょう。今、アマゾンを利用すればサーチするコストは下がるし、これからＡＩで「あなたに最適な洋服をまとめて提案して売ります」っていうサービスができるかもしれません。それでも、本当に洋服が好きな人はそういうものを使うだろうかと思います。自分が一番楽しいと思っているプロセスを失うことになるので、いやそれはちょっと勘弁してくれってなると思うんですよ。もちろん洋服に興味ない人は、そんな変なじゃない洋服が低コストで提供されるおまかせサービスを使うかもしれません。それはその人のニーズのありように依存しますが、要するに、人間が絶対離したくないものがなにかということを考えることこそがテクノロジー加速時代に必要なことではないかと思います。

今の時代に、会社に所属する意味とはなんなのか

薮崎　フリーランスや副業などの働き方がだんだん広がり始め、クラウドソーシングやクラウドファンディングなどのプラットフォームが出来てきている今だからこそ、企業に所属する意義をきちんと明示しなければならないと思っています。

楠木　「会社＝組織の代替物としての市場」というメカニズムがここまで発達してくると、組織の本質というか存在理由が鋭く問われるようになる。それが僕の時代認識です。

薮崎　どのような本質なのでしょうか。

楠木　みんなが「ここにいたいな」と思える会社を作らなければならなくなっているのです。インターネットの発達によって、物やサービス、そして人間まで市場で簡単に取引できるようになりました。だからこそ、「長期

契約という形で会社という組織に所属するのか」ということは、今一度みんなが考えなければならないと思います。まず、市場ではない取引メカニズムを持っているのが会社であり、市場メカニズムが効かないようなことについてもうまく扱えるということが、そもそも会社の存在意義だと思うのです。要するに、本当の意味での経営力が問われる時代になったということです。

薮崎　個人と会社は単なる金銭的な関係ではなく、会社に所属することでそれ以外の価値を得ることができるということでしょうか。

楠木　組織と個人はどこまで行っても価値交換の関係にあるわけですが、いまこの時点での「値段」では十分に説明できない価値をもたらすような組織になっている必要があります。高いスキルを持つ人、たとえば今だと、ＡＩの知識や能力を持っている人は、少しでも高い給料の会社に所属したいと思うでしょう。しかし一方で、ＡＩで自動運転を開発している会社にいて本人もそれを面白がっているならば、もっと給料が上げてほしいとなった場合でもたかが知れていると思います。後者の選択をする人が多い方が、健全な社会で、健全な会社だと思いますし、そうでないならば、会社として存在する意味はない。

これからの時代において〝良い〟会社とは

薮崎　〝良い〟会社の要素を教えていただけたらと思います。これからの時代において、特に社員として所属するために、〝良い会社〟〝悪い会社〟はどこで判断すべきでしょうか。

楠木　いろんな切り口があると思いますけれども、ひとつには「明るく疲れることが出来る会社」だと思いますね。どんな仕事も辛いことや大変な目に会うことがありますが、明るく疲れる会社と暗く疲れる会社、この違いです。たとえば、「自分が今やっていることが一体何になるか」、「自分の将来にとって何になるか」、「自分が関わっている会社が世の中に何を提供している」など、いろいろ観点で理解して納得できているのが、明るく疲れられる会社ではないでしょうか。そしてそのために企業にとって大事なことは、明るく疲れさせるものが全員に共有されているための〝戦略のストーリー〟だと思います。素晴らしい戦略のストーリーを立てられるかということは、どんな福利厚生よりも組織を良くすると思います。

薮崎 明るく疲れることができる、というのはそれぞれの人によって異なりますよね。

楠木 そうです。それは完全にひとりひとりの好き嫌いに依存している。良し悪しでは片づけられません。僕は「ホワイト企業・ブラック企業」という分類が大キライです。ユニクロはブラック企業だ、なんて言われることがあります。もちろん成長志向の会社は業務でキツい面があるわけです。ただ、それじゃあ三井物産ならどうかというと、「明日モザンビークで、この10億円の損失を絶対取り返して来い！ できるまで帰ってくるな！」という仕事ですよ。「どうやったらいいですか？」と聞いたとしても「向こうに行ってから考えろ！」。ユニクロのお店の仕事でキツイと言っている人がこんなことになったら即死ですよ、これ。でも三井物産は一向に咎めらない。なぜかと言うと、そこで働いている人は「そういうものだ」と思っているし、それが好きなんです。「大変だよ。明日モザンビークだよ」なんて言いながら、実は嫌いじゃない。そういう仕事が好きで楽しんでいるんですよ。

薮崎 なにが楽しいと感じるかによって、好きな仕事も異なりますからね。エスキュービズムも、エンジニアや営業、管理部など様々な人材がいるので、一律にマネジメントすることはかなり難しいと感じています。

楠木 そうですね。ようするに〝好き嫌い〟が飛び交っている企業、これが良い企業だと思います。市場は〝良し悪し〟という普遍的な価値基準で動いていますが、組織にとっては好き嫌いこそが大事なのです。

薮崎 良し悪しと好き嫌いですか。

楠木 たとえば、「時間に遅れてはいけない」というのは良し悪しです。好き嫌いの介入する余地はないですよね。「私は人を待たせるのが好きで」というのは一般的には受け入れられないことで、社会のコンセンサスです。さらに強くなると法規定が出てくる。「人を殺してはいけない」とかですね。一方で、会社というのは個別的・

局所的な存在なので、好き嫌いを一定程度許容できるし、好き嫌いで動ける。「好き」というのが組織の中で人の能力を一番引き出す要因になりますし、「好きなやつは入ってこい」「嫌だったら他に行ってくれ」で組織が動いているのはまことに健全だと思います。

薮崎　なるほど。会社という組織内、組織間において、好き嫌いで動けるというのは大切ですね。

楠木　労働市場での基準となる機能カテゴリー（営業や経理、法務などの職種）では、個々人の好き嫌いをとらえられません。常に好き嫌いが先にある。「外に出て、知らない人と会って何かやるのが好き」という好き嫌いがあって、「だとしたら営業はどうか」というふうに事後的に機能が決まる。いきなり機能カテゴリーを持ち出して「内部監査が好き」なんて言う人もいますが、こういうのは基本的に嘘です。好き嫌いから役割・機能を決めるというような労働の配置というのは市場ではできない。ここに強力な組織の存在理由があるのだと僕は思います。組織を隅々まで「こういうことはいけません」という良し悪し基準で動かそうとする経営は、組織の自殺と言ってもいい。

そのフリーランスの仕事は、インプット型なのかアウトプット型なのか

薮崎　20代、30代を中心に、フリーランスになろうとする風潮があると感じます。特に〝できる人〟ほど、独立した方が短期的には稼げるので、その傾向が強いのではないでしょうか。一方で、企業としてはイノベーション（技術革新）を起こそうとしたら10年くらいかかることもよくあります。その企業と個人との時間意識のギャップがさらに大きくなっていくと考えられる中で、両者の関係はどのようにあるのがよいのでしょうか。

楠木　労働市場においては、労働者は、何らかの価値を提供することで、企業や社会から対価を得ています。そこで提供している〝価値〟がなんなのか、という問題ですね。

薮崎　どういうことでしょうか。

楠木　今、フリーランスの人がやっているのは、ほとんどの場合、あっさり言えば「請負業」ですよね。つまり、何かのアウトプットを作るために必要な労働投入要素であり、そこでは一人ひとりは自分の提供する機能にコミットしています。

薮崎　確かに、自分の〝できること〟で独立すると、請負業になりやすいと感じます。自分の持っている経験とスキルを切り売りしていくというイメージです。

楠木　たとえば、映画を作るという仕事で考えてみましょう。ハリウッドの映画作りと日本の映画作りは昔から全く異なっていて、ハリウッド映画は機能分業が極めて進んでいるのです。これはアメリカの非常に優れた仕組みなのですが、編集の人は編集しか考えないし、カメラの人はカメラだけに専念します。さらに演じている人は俳優という機能に特化しているので、それが最終的にスクリーンでどういう映像になるのかは全く考えていない。「それは編集の仕事」と機能で割り切っているのです。一方で、自分の価値を、付加価値や生産量など最終物となる「アウトプット」として定義する人とは、ハリウッドだとプロデューサーや、場合によってはディレクターなどとなります。そういう人は一部分ではなく、全体を見なければなりません。

薮崎　全体をプロデュースするのか、その中の一部分のみを専門的に担うかということですね。

楠木　僕は、短期的に収入が増えるというのは、自分の価値を機能インプットで定義しているということだと思うのです。一見すると、自立して自由を手に入れるように見えますが、非常に不自由な請負業となってしまっている場合も多いと思います。もっと言うと、「会社の歯車や駒になりたくないから、自分は外に出てフリーでやっていくんだ」と言いながら、企業に所属するよりももっとひどいマーケットの歯車や駒になってしまうことも少なくない。

薮崎　そもそも日本で、人材の流動性が高まって来ている背景についてはどうでしょうか。

楠木　これはバブル崩壊などで日本がパッとしなくなってから、表面的かもしれませんが、アメリカの市場万能主義を規範としてきたことが大きな要因だと思います。もちろん、それによって得られる自由というものがあるので、ダメだというつもりはありません。高度経済成長期の大企業モデルは今後成り立ちません。〝個が立っている〟という状況は、極めて大切だと考えています。ただ、〝個が立つ〟と言う時の立つ基軸が、もっとアウトプットであるべきだと思っているんです。先の映画制作の例に戻ると、一方の日本の映画作りは、それにかかわる一人ひとりが出来上がった映画作品という全体を見ている。プロデューサーや監督だけでなく、演者やカメラ、衣装、照明、機能や役割は違っても、全員がその作品を良くしたいと思って仕事をしている。つまりコミットメントの対象が機能のインプットではなくアウトプットにあるわけです。今の仕事の契約形態がフリーランスなのかどうなのか、大企業に所属しているのか、はことの本質ではない。その人のコミットメントの対象がインプットなのかアウトプットなのか、ここに本質的な切り口があるというのが僕の考えです。

薮崎　職業によっては、インプット的な役割でしか存在し得ないものもありますよね。

楠木　その通りです。たとえば、会計士や弁護士など資格があるような職業はその傾向が強い。それらは市場取引において契約を明確かつ簡単にできる。ところが、そういった職業こそテクノロジーに代替されがちなんじゃないかなと思います。

薮崎　機能インプットが強い職業だと、その機能がテクノロジーで再現できてしまうと、代替されてしまう可能性は高いでしょうね。

楠木　個が立つ機軸はこれからますますアウトプットを志向しなければならないと思います。もちろん、みんながみんなプロデューサーや監督になるわけではありません。一人で全部できないからこそ「このアウトプットを世の中に生み出していこう」という旗の下にチームができて、「じゃあ私はこっちやるよ」「では僕はあっちをやるよ」というように自動的に分業が進んでいくことが理想なのだと思います。分業はしても、関わる全員がそこから生まれるアウトプットに強くコミットしている。こういう組織は存在理由が強い。「プログラミングができるのはこの人で、コストパフォーマンスがよさそうだ。」、「マーケティングするのはこの人で、コストパフォーマンスがよさそうだ」というような労働市場での機能評価で動く組織とはだいぶ違ってくるのではないでしょうか。

薮崎　アウトプットに軸を持つためにはどうすれば良いのでしょうか。

楠木　もともと日本などの東洋的な考え方では、ワークとライフは渾然一体となっていて、そもそもアウトプットで自分を定義していたと思います。アウトプット自体にコミットして、喜び・対価を得ている。それは必ずしも年収みたいな市場メカニズムにおける価格シグナルに乗らない話だったはずなのです。もちろん金銭的報酬は大切です。組織と個人の関係はどこまでいっても価値交換なので、その人の貢献価値に応じて金銭的報酬が発生すべきです。多くの日本の企業ではこの原則が歪められたままになっている。これは大問題で、貢献が大きな人に対してはもっと給料を払うべきです。そうでないと、どんどん優秀な人材が流出していくことになる。それは当たり前の話です。ただし、すべてがカネか、というとそういうことは絶対にない。自分を機能インプットとして定義し、その機能につくプライスの多寡、すなわち良し悪しだけに基づいて人々が動くという世界は間違いなく間違っている。価値と価格は似て非なるものです。だからこそ今一度、一人ひとりの好き嫌いに立ち戻る必要があるのではないでしょうか。

経営者に必要なのは〝未来予測〟ではなく、論理的な確信

薮崎　企業の目指すことを社員に話す時、3年先くらいが一番いろいろな要因が絡んでくるので、きちんと正確に言おうとすると前提条件をつけなければなりませんし、抽象的な話になってしまいます。一方で、一般的に求めているのは、そうした前提条件などを全てそぎ落とした「こうすれば上手くいくんだ」という単純化した具体的な話ではないでしょうか。ここのギャップをどう埋めたらいいか難しい

楠木　伝えるべき戦略は、最終的には「こうすれば儲かる」というストーリーです。ただ、不確実性はどうやっても排除できません。〝やってみないとわからない〟というのが本当のところです。私見では、戦略を立てる経

営者にとって、その時点で拠り所となるのは「論理的な確信」しかない。それは、「将来起こることが他の人よりもわかっていて、こうやったらうまくいく」という未来予測能力ではありません。超能力者でない限り、誰も未来は分からない。つまり、外的な条件から最適な解としての「こうなるだろう」を導くのではなくて、「こうしよう」という意志の表明、これが戦略だというのが僕の考えです。本当のところはどうなるかやってみなければわからないけれども、これで絶対にうまくいくはずだと信じることができる。これが経営者にとって大切で、それはすなわち「論理的な確信」としか言いようがないものです。

薮崎　不確実で複雑な外的要因に答えを求めるのではなく、自分にとっての論理的な確信を得ることが重要なのですね。

楠木　だいたい、トランプが大統領になることがわからなかったくせに、どうして3年後や10年後の経済予測ができるのか。優れた経営者を見ていますと、自分なりの論理的な確信がある。だからブレない。実際にやってみたら、当てが外れることも多々あります。それは事後的に修正するしかない。最初から正解・勝率が高い方法を探すことは、外在的な要因がありすぎて無理があります。これから世の中がどうなるのかを知らないと戦略を立てられないという人は、一流の経営者ではないんじゃないかなと思います。

薮崎　なるほど。理想や正解を追い求めて、結局何も決められない経営者はいますね。とにかくやるしかないと決めてがむしゃらに取り組む人の方が、いい結果を出したりします。

楠木　そうですね。ただ、いずれにせよ経営者は頭がよくないといけないと思うんですね。それは学歴ということではありません。論理的な思考力ですね。それがないと論理的な確信も得られない。「こうすると、こうなる。そうなると、今度はこれができるようになる」という因果の論理でつながった思考の奥行き、これがあるかどうかがカギだと思います。一つ一つの打ち手において論理がつながって出来上がっていくものを、「ストーリーとしての競争戦略」と僕は言っています。戦略ストーリーの構想は「50gと100g、どっちにしますか」という単純な尺度上での意思決定ではないので、どうしても論理的な思考力がないと組み立てられないのです。思考に抽象度が求められる、と言ってもよいですね。

薮崎 抽象化・概念的して論理的に考える人とそうでない人の差はどこにあるのでしょうか？

楠木 具体と抽象の往復運動ができるかどうかだと考えています。いつの時代も人間は具体的世界の中で生きている。ビジネスはとりわけそうです。具体的から切り離された抽象は意味がない。しかし、具体べたべただとオリジナルでユニークな戦略ストーリーは生まれない。抽象化の思考を自然と楽しめるかどうかですね。「TVのバラエティ番組は好きだけれども、ちょっと映画はしんどいな」という人がいたり、「You Tubeは見るけれども長編小説は読まない」という人がいますが、これは抽象化能力の一つの表れだと思います

薮崎 以前、伊丹敬之氏の『経営を見る眼』という本を読んで、良い本だなと思ったので社員に薦めたのですが、概念的すぎて誰も良いと言ってくれなかったということがありました。

楠木 あれは良い本ですね。しかし、抽象化・論理化の力がないと良さが分からない。結局のところ、関心とか視座の高さとかがそれぞれ異なるので、その人にわかってもらうには、その人にあったものを用意するしかないと思います。

全員にわかってもらうために、自分の考えの解像度を落とすことは絶対しない

薮崎 楠木教授は、様々なメディアに寄稿されていらっしゃいますが、抽象的な話を経営者以外にしたときの反応はどうなのでしょう？

楠木 雑誌やウェブなど様々なメディアに、自分の考えを書いたりしています。直接会って話しているわけではないので、反応はリモートでしかわかりません。わざわざ感想を送ってくれる人は大半が批判ですね。お客様相談室に電話するのは製品に問題があったからだというのと一緒で、「まあそういうものだ」と思っています。

薮崎 記事は経営者だけでなく経営者ではない人も読むと思うのですが、それぞれ異なる視座の人に対して、ど

のような伝え方の工夫をされていらっしゃいますか？

楠木　自分が考えていることが歩留まりよく伝わるようにしています。考えていることが100だったら、言葉にすると100は無理でも、ロス率をなるべく低くして85ぐらいで出したい。そのために文章や構成を一生懸命考えますね。ただ大前提としてあるのが、全員に理解されなくても全く構わないという割り切りです。わかる人がわかってくれればいい。もし「全員にわかってほしい」と思ったら、自分の言葉や考えの対象、説明の内容を変えなきゃいけないですよね。僕なりに追求している思考と言葉の解像度を落としてでも自分の考えを人に提供することだけはしないようにしています。量は求めない、ということです。たとえお客様の数が限られても、読んだ方の心や頭になるべく長く残るもの、そういうものを提供したいですね。ベストセラーよりロングセラー。それが僕の仕事の重要な基準です。

ストーリーとしての競争戦略をいかにして立てるか

薮崎　ファーストリテーリングのお手伝いをされていらっしゃいますが、戦略にストーリーがあるので、対外的にも理解されやすいだろうなと思います。

楠木　「ライフウエア」というコンセプトは、確かにすごいと思います。洋服の世界だとまったく独自。ファストファッションと明確に差別化されています。だからと言って、「ライフウエア」は従来のカジュアルウェアでもない。部品としての服ということです。普通の人の普通の生活の構成部品として、最も優れたものをつくり、時間をかけて進化させていく。そこには新しい生活提案が盛り込まれていて、服を通じて世界中の人々の生活を変えて行こうというメッセージがはっきりと打ち出されている。このポジションは競争相手と一線を画しています。戦略ストーリーの起点にあるコンセプトとして実に秀逸ですね。

薮崎　グローバル化に伴い、世界中の企業が競合になりました。ユニクロのような強いストーリーを作るために、日本企業が取り組むべきテーマはあるのでしょうか。

楠木 「日本企業」という主語にはほとんど意味がないと思っています。確かに、高度経済成長期では、「日本企業」という括りでそれなりに意味のある議論ができていたかもしれません。しかし今の日本は、すでに成熟した国です。日本の中でのバリエーションが大きい。人間で例えると、中学生のクラスで「個性があるね」なんて言っても、しょせん中学生、みんな同じようなものです。それが40年経って同窓会なんかで集まると、人それぞれ、すごくバリエーションが広がっている。

高度成長期は青春期なので、それぞれの会社に個性があってもだいたい同じ方向を向いていた。でも日本はもうすでに〝成熟した大人〟です。新日鐵（日本製鐵）とSHOWROOMは一緒に考えられないですよね。そろそろ日本企業の競争戦略とか日本企業の強み・弱みとか、日本の会社を一括りにした話はやめたほうがいい。それぞれの企業がそれぞれの企業のストーリーで勝負する。考えてみれば当たり前ですが、あらためて個別企業の経営力が問われる時代になったということです。

楠木 建

くすのき・けん

一橋大学教授。専門は競争戦略。著書に『「好き嫌い」と才能』（東洋経済新報社）、『好きなようにしてください：たったひとつの仕事の原則』（ダイヤモンド社）、『「好き嫌い」と経営』（東洋経済新報社）、『戦略読書日記』（プレジデント社）、『経営センスの論理』（新潮新書）、『ストーリーとしての競争戦略：優れた戦略の条件』（東洋経済新報社）など。

あとがき

本書は、ウェブメディアとして運営されている「異端会議」（https://itankaigi.com）の過去の記事の中から厳選されたトピックスを再編集し、構成されたものです。

私がこの「異端会議」を立ち上げようと思ったのには、いくつかの理由があります。

当時、（あるいは現在でも）ウェブメディアの大きな課題は、「速報性」や「手軽さ」に焦点が当たりすぎていることだと考えていました。ＰＶを稼ぐために、下世話な記事やＳＥＯ偏重で内容に乏しい記事、誤った情報ばかりの記事、ライターがろくに取材もせず、他メディアのテキストをそのまま盗用するコピペ記事が大量に生産され、消費されていたのです。そのようなコンテンツを量産するウェブメディアもまた、星の数ほど存在していました。

そのようなウェブメディアは、それぞれのメディアでのやり方で世の中を良くする、といった本質的なメディアの存在意義など考えることなく、ただただ広告費を稼ぐことだけが念頭に来てしまっていたのだと思います。ウェルク問題に端を発し当時多数のウェブメディアを運営していたDeNAが炎上したことはある種象徴的な出来事でしたが、その後もウェブメディアの状況が激変したとは言い難いでしょう。

もう一点、日々膨大な量のコンテンツを更新していくニュース系メディアでは、どんなにいいコンテンツであっても、時間の経過とともに見つけることすら困難になってしまいます。半年前のコンテンツはおろか、１週間も経つと死蔵されてしまうのです。書籍には、今なお色褪せることなく読まれ、人々にインスピレーションを与える名著が数多く存在します。例えば「孫子」などは、２５００年もの間、価値を発揮し続けています。

価値ある本質を死蔵させず、書籍における名著のように、100年先でも読まれ続けるようなコンテンツを、ウェブの長所である「永久性」と融合させることはできないだろうか。新しいことに取り組もうとしているあらゆる挑戦者に、今日を一歩前進できるような気づきのある情報を届け、「明日はもっと素晴らしい」と思える世の中を創れないだろうか。

このような思いを形にして立ち上がったのが、ウェブメディア「異端会議」だったのです。

「異端会議」では、手軽に吸収できる、所謂「ノウハウ」のようなコンテンツを扱ってはいません。もちろん、ノウハウは新しいことに挑戦する際に役立つ武器になります。しかし、私たちが本当に皆さんに届けたいのは、何かを成し遂げようと暗闇を進んでいる挑戦者にとって一生の「道しるべ」となるような考え方や志なのです。

本書に収められた素晴らしい〝異端者〟たちのお話は、ウェブメディア版から抜粋されたほんの一部に過ぎません。「異端会議」は現在進行形であり、これからも様々な挑戦者の純度の高い志を届けて行きます。

最後に、これまで登場してくださった、そしてこれから登場するすべての〝異端者〟と、本書を手にとっていただきました読者の皆様、書籍化にあたり多大なるご協力を賜りました翔泳社 京部康男さんに感謝申し上げます。どうもありがとうございました。

2019年4月　株式会社エスキュービズム　薮崎敬祐

本書内容に関するお問い合わせについて

このたびは翔泳社の書籍をお買い上げいただき、誠にありがとうございます。弊社では、読者の皆様からのお問い合わせに適切に対応させていただくため、以下のガイドラインへのご協力をお願い致しております。下記項目をお読みいただき、手順に従ってお問い合わせください。

●ご質問される前に

弊社Webサイトの「正誤表」をご参照ください。これまでに判明した正誤や追加情報を掲載しています。

正誤表　https://www.shoeisha.co.jp/book/errata/

●ご質問方法

弊社Webサイトの「書籍に関するお問い合わせ」をご利用ください。

刊行物Q&A　https://www.shoeisha.co.jp/book/qa/

インターネットをご利用でない場合は、FAXまたは郵便にて、下記"翔泳社 愛読者サービスセンター"までお問い合わせください。
電話でのご質問は、お受けしておりません。

●回答について

回答は、ご質問いただいた手段によってご返事申し上げます。ご質問の内容によっては、回答に数日ないしはそれ以上の期間を要する場合があります。

●ご質問に際してのご注意

本書の対象を越えるもの、記述個所を特定されないもの、また読者固有の環境に起因するご質問等にはお答えできませんので、予めご了承ください。

●郵便物送付先およびFAX番号

送付先住所 〒160-0006　東京都新宿区舟町5
FAX番号 03-5362-3818
宛先（株）翔泳社 愛読者サービスセンター

※本書に記載されたURL等は予告なく変更される場合があります。
※本書の出版にあたっては正確な記述につとめましたが、著者や出版社などのいずれも、本書の内容に対してなんらかの保証をするものではなく、内容やサンプルに基づくいかなる運用結果に関してもいっさいの責任を負いません。
※本書に掲載されているサンプルプログラムやスクリプト、および実行結果を記した画面イメージなどは、特定の設定に基づいた環境にて再現される一例です。
※本書に記載されている会社名、製品名はそれぞれ各社の商標および登録商標です。

監修：株式会社エスキュービズム 代表取締役社長 藪崎敬祐
企画・制作：竹井 慎平（株式会社 エスキュービズム）
デザイン：森下 雄（株式会社 エスキュービズム）
編集・組版：Little Wing

※「異端会議」は株式会社エスキュービズムが運営するメディアです。
https://itankaigi.com/

異端会議《いたんかいぎ》
異端者がビジネスを変える

2019年7月10日　初版第1刷発行（オンデマンド印刷版 Ver.1.0）
編　　著「異端会議」編集チーム
発 行 人　佐々木 幹夫
発 行 所　株式会社翔泳社（https://www.shoeisha.co.jp）
印刷・製本　大日本印刷株式会社

本書へのお問い合わせについては、147ページに記載の内容をお読みください。
乱丁・落丁はお取り替えいたします。03-5362-3705までご連絡ください。

ISBN978-4-7981-6325-3　　Printed in Japan